Markus Taibon

Reifeprüfung

Mein Weg aus dem Locked-in-Syndrom

zurück ins Leben

VERLAG
W.F.SCHLAGER
SCHARNSTEIN

Druck und Verlag Walter F. Schlager
Grubbachstraße 27
4644 Scharnstein – Österreich
Tel./Fax: +43/7615/2197
e-mail: office@almtalonline.at
Bücher im Internet: www.almtalonline.at

ISBN-8: 3-9501380-8-0
ISBN-10: 978-3-9501380-8-5

Umschlaggestaltung: Markus Taibon
Umschlagfoto: Ursula Pahr

Forget your perfect offering
There is a crack in everything
That's how the light gets in.

Leonard Cohen

Inhaltsverzeichnis

Vorwort

Dieses Buch war von Anfang an nicht geplant. Es ist ein ‚Erlebens-Bericht'. Ich habe ursprünglich meine persönlichen Erfahrungen und mein bisheriges Leben resümiert. Ein Selbstreinigungsprozess und nur für mich. Einigen vertrauten Menschen habe ich Einblick gegeben in mein Skript. Mein Umgang mit meiner Situation sei bemerkenswert, ich möge doch ein Buch schreiben für andere. Ich habe mehrmals abgewinkt. Wie das nun mal so ist: Es ist anders gekommen.

Meine Gedanken sind assoziativ, ganz wie es meiner Art entspricht. Zu wertvoll sind sie mir, als dass ich sie einem zu klar profilierten Konzept unterordnen würde. Was nicht vermittelt wird, ist eine Vorstellung der Zeiträume, denn der thematische Zugang ist mir wesentlicher. Nur so viel: Ich schreibe dieses abschließende Vorwort zwei Jahre und acht Monate nach dem Ereignis.

Ich erhebe keinen Anspruch auf Allgemeingültigkeit und will niemanden belehren oder von irgendetwas überzeugen. Ich gebe lediglich meine Geschichte weiter, möchte damit die Leserinnen und Leser zum Reflektieren einladen und ihnen ein Impuls sein für eigene Gedankengänge.

Mein Weg ist einer von mehreren gehbaren. Möglicherweise bin ich durch diese Offenlegung einigen wenigen Menschen bei der Bewältigung ihres eigenen ‚Schicksals' eine Orientierungshilfe, denn das Resümee könnte identisch sein. Und möglicherweise vermag ich im persönlichen Umgang mit Mitmenschen in vergleichbarer Grenzsituation zu vermitteln. Dann rechtfertigt das alle Mühe und allen Mut, die zur Entstehung dieses Buches nötig waren.

Maria Enzersdorf, Oktober 2010

Hesse oder ein fast normaler Tag

Sehr viele sterben zu spät, ganz wenige sterben zu früh. [...] stirb zur rechten Zeit!, schreibt Leo Tuor. Ich hab den möglicherweise rechten Zeitpunkt verpasst. Möglicherweise. Die Antwort liegt im Sinn dessen, was kommt.

Und ist es fertig?, fragt Don Quixote über ein Buch, das eine Romanfigur über ihr eigenes Leben geschrieben hat. *Wie kann es fertig sein, da mein Leben noch nicht fertig ist*, bekommt er zur Antwort. Wie kann diese Selbstdarstellung fertig sein? Das Beste kommt erst. Das hier ist erst die Zwischenbilanz.

Ich ließ die Schüler eine Überprüfung schreiben darüber, weshalb Hesses *Siddhartha* für die Generation der Hippies zum Kultbuch geworden war. Eine Frage an eine erste Lektüre dieses Textes. Über vierzig Jahre alt waren sie ja nicht, noch würden sie das Buch nicht wiedergelesen haben.

Es war ruhig, der Ausdruck der üblichen notenorientierten Beflissenheit; jeder war bei sich selbst. Ich auch. Ich hatte die Absicht, noch am selben Tag Flüge in die Mongolei zu buchen. Reiseroute und Jeep hatte ich mit einer Freundin bereits organisiert. Eines der schönen Dinge am Reisen ist das monate-, vielleicht sogar jahrelange Planen; das ist wie einem Weg zu folgen, der noch zu spuren ist. Plötzlich meinte ich ein Unwohlsein zu verspüren, ein Gefühl wie Sauerstoffmangel im Hinterkopf. Keiner schenkte mir Beachtung, also stammelte ich grad noch: „Holt die Ret-t-t ..." Schlagartig konnte ich mich nicht mehr bewegen. Die Schüler reagierten unterschiedlich. Eine sprang in Panik auf und schrie, eine andere bot mir Wasser zu trinken an, als hätte ich einen üblichen Kreislaufkollaps, andere schrieben wie in einer Übersprungshandlung weiter und wieder andere riefen den Notarzt. Ich erlebte in diesen Momenten das, was wir eine Bewusstseinserweiterung nennen. Dann fiel ich ins Koma.

Ein Einriss der inneren Gefäßwand der Schädelbasis-Schlagader (medizinisch: eine Dissektion der Arteria basilaris) hatte eine Einblutung zwischen die Gefäßwandschichten und weiter eine Thrombose zur Folge gehabt und das wiederum hatte zu einem Ponsinsult geführt, dem Ausfall eines bestimmten Teils des Gehirns. Eine der zahllosen Formen des gemeinhin so bezeichneten Schlaganfalls. Mit besonderer Folge: dem Locked-in-Syndrom.

Was wäre gewesen, wenn? Das Leben gibt auf solche Fragen keine Antwort. Trotzdem behaupte ich heute: Meine Schüler haben mir das Leben gerettet.

Traum und Wirklichkeit

Einer meiner Brüder hatte mit der italienischen Mafia die Wette abgeschlossen, er würde einmal im Monat eine Leiche liefern, ohne dass er jemals dafür behelligt würde. Also erschoss er einen bekannten Politiker. Eine Freundin flog in einem Militärflugzeug zu dessen Begräbnis in eine 50 km entfernte Stadt. Auf dem Rückflug crashte die Maschine gegen ein startendes Zivilflugzeug. Ich sehe die Zeitungsbilder noch vor mir. Zwischen den zerstreuten Trümmern des Flugzeugs liegt mitten in der Wiese als unförmiger Fleischklumpen ihre Leiche. Als sie dann neben meinem Krankenhausbett stand, kombinierte ich scharf: Ihr Geist! Als mir dieser Geist dann mitteilte, er würde eine Woche beruflich in Italien sein und dann wieder kommen, dachte ich bei mir: Der hat doch alltägliche Sorgen! Ich zermürbte mir den Kopf und es dämmerte mir erst nach und nach: ‚Der Geist ist kein Geist und der Rest ein Traum.'

Die Zeit in der Intensivstation war lebendig an Träumen, wie ich es nie zuvor erlebt hatte. Der Traum ist nur im Traum wirklich. Ich aber konnte nicht unterscheiden. Was ich in dieser Zeit an Abenteuer durchlebt habe, reicht als Stoff für ein zeitgenössisches Heldenepos. Die Handlung enthielt immer eine lebensbedrohende Situation. Meist war ich selber in dieser Situation. Meine Leute versuchten ständig, mich im Stil einer Guerillatruppe zu befreien. Es gelang nie. Ein Entrinnen war in der Dramaturgie nicht vorgesehen. Das Lebensbedrohende der Situationen war das Gemeinsame von Traum und Wirklichkeit. Das Unentrinnbare an der Wirklichkeit wurde vom Traum in grotesker Verzerrung widergespiegelt.

Die Träume selbst hatten immer ein reales Substrat. Der Politiker von vorhin hatte als Wahlsieger zu dieser Zeit gerade starke Medienpräsenz. Mein vom Wind abgedecktes Hausdach ist das Ergebnis einer mitgehörten Sturmwarnung. Der Hubschrauber, mit dem mein Vater vergebliche Befreiungseinsätze flog, kam vom Rettungsflug her. Eine Geschichte, die mir besonders lebhaft in Erinnerung bleibt, ist die folgende: Ich rief in meiner bedrohten Situation des Öfteren eine reizende ältere Frau zu Hilfe, der ich im wirklichen Leben zwei- oder dreimal begegnet war. Das geschah immer mental. Sie kam dann wie gerufen bei der Tür herein und die in meinem Rausch immer gemeinen Ärzte schossen sofort auf sie. „Mich kann man nicht aufhalten, denn ich bin ein Geist!", sagte sie in ihrer beherzten Art und schritt unbeirrt weiter. Ich war kurz ernüchtert, denn ich hatte nicht gewusst, dass sie tot war. Aber es ging ihr doch wunderbar so. Ich nahm das sogleich als gegeben hin. Später erkannte ich: ‚Wenn sie kommt, ist es ein Traum.'

Alle Menschen, die in meinem Leben je eine Rolle gespielt hatten, waren da. Nicht reell. Aber ich hab sie gesehen und gehört. Sie waren da mit ihren Themen von damals und speziell mit allen ungeklärten gemeinsamen Angelegenheiten. Ich kann heute plötzlich nachvollziehen, wie es Demenzpatienten geht und in welcher Welt sie leben. Das, was innerlich am tiefsten vergraben ist, kommt in der Extremsituation an die Oberfläche. Später habe ich alle, die ‚da' waren, wieder ausgeforscht und kontaktiert. Ich hab aufgeräumt. *Lebe jeden Tag, als ob er dein letzter wäre. Irgendwann wirst du Recht behalten.* Das hatte einmal eine Schülerin auf einer ihrer Schulmappen stehen. Nur vordergründig können wir diesen Satz missdeuten. Die tägliche Wahrheit dieser Worte hatte ich damals nur verstanden. Heute aber fühle ich sie.

Aufräumen im Zwischenmenschlichen. Die Bereitschaft dazu finde ich zuerst in mir. So springe ich plötzlich über meinen Schatten. Davon ist der andere zunächst überwältigt, dann ermutigt, es mir gleichzutun: ‚Das kann ich doch auch!'

Alle Energie im Universum bleibt erhalten. All meine negativen Gefühle richten sich in Wirklichkeit gegen mich selbst und wirken zerstörerisch. Aber ich kann sie umwandeln. Positive Gefühle sind für beide aufbauend. In meinem Leben ist Platz einzig für gute Resonanz. Das ist bestimmt ein lebenslanger Lernprozess.

Dass ich mich in einer extremen Situation befand, war mir bewusst. Jetzt kommt es darauf an, war mein ‚Gedanke'. Die Ärzte waren nicht davon ausgegangen, dass ich je wieder aufwachen würde. „Er muss aufwachen wollen, wir haben das Unsere getan!", sagte einer von ihnen. Ich wusste stets, wo ich war und was war, auch Einzelnes, trotz des Komas. Traum? Ich ‚träumte' mehrmals meinen Tod. Das ist absurd, bestimmt. Einmal war das so:

Ich tanzte. Ich tanzte einen verrückten Stil, für den es keinen Namen gibt. Und ich schwebte.

Ich schwebte schwerelos hoch oben in der Luft und ließ mich wie Wolken über eine blütenbestreute Landschaft treiben. Es war schön.

Von dem, was ich wahr!genommen habe, nehme ich ein großes Wärmegefühl mit, das immer da ist und mich letztlich auffängt. Und ein tiefes, zufriedenes Gefühl von Einverständnis.

Locked in

Ich war von Kopf bis Fuß gelähmt, konnte nichts bewegen, nicht einmal die Augen. Und das bei vollkommen intaktem Bewusstsein. Ich hatte das Locked-in-Syndrom, wie das medizinisch heißt. Ein solcher Patient ist in der Karriere des Neurologen wie ein Weltmeistertitel. Ich war eine Sensation. Wollte ich das nicht immer? Was hatte ich nicht schon alles dafür getan! Jetzt tat ich genau nichts. Wir sollten gut überlegen, was wir uns im Leben wünschen, denn es kann in Erfüllung gehen.

Zuerst konnte ich ein Augenlid bewegen. Eines. Alsbald dann beide. Auf und zu. Also kommunizierte ich. Einmal zwinkern hieß ja, zweimal zwinkern hieß nein. Meine Besucher stellten Fragen. Vom Typ: ‚Hast du aufgehört, beim Nachbarn Obst zu stehlen?' Durch einen Urwald an gleichermaßen brauchbaren wie unbrauchbaren Fragen musste ich mich mühsam an das zu Sagende annähern. Auf die richtigen Fragen kommt es an! Bald konnte ich die Augen bewegen, also auch mit den Augen fixieren. Einer meiner Brüder erfand zu diesem Zeitpunkt die Buchstabentafel für mich neu. Er schrieb alle Buchstaben auf ein Blatt. Dann zeigte er sie mir der Reihe nach. Beim richtigen Buchstaben zwinkerte ich. Einmal für richtig. So setzte ich Buchstabe für Buchstabe zu Wörtern und Wort für Wort zu Sätzen zusammen.

Die Buchstabentafel ist den Logopäden bekannt. Eine Kommunikation jenseits von ‚Ja' und ‚Nein' wäre, durch Vorsagen, früher möglich gewesen!

„Willst du etwas sagen?" Nur einen Augenblick hatte ich dann Zeit, um mir eine telegrammstilartige Sparversion der Art Nomen-Verb im Kopf zurechtzulegen, bevor mir die Tafel vors Gesicht gehalten wurde.

Ich habe sprechende Augen!

Aber da gab es die, die mir die Tafel immer wieder zu nah und zu tief hinhielten. Es gab auch die, welche glaubten, sich die paar Buchstaben merken zu können. In Wirklichkeit, statt Buchstabe für Buchstabe zu notieren, vergaßen sie öfter schon nach kurzer Zeit einzelne Buchstaben und verloren bald den Sinn. War ich mit einem Satz fertig, schauten sie mich ratlos an. In ihrem

Kopf war ein delphisches Orakel. Wenige schrieben beharrlich alles bis zuletzt mit. Und es gab noch andere Spezialisten. Zwinkerte ich „ein“, begann ein munteres Rätselspiel: „einen, eine, eines?“ Doch ich wollte ganz schlicht „ein“ sagen. Kommunizieren war möglich, aber durch allerlei entbehrliche Hindernisse erschwert. „Ausreden lassen!“, hatte ich mich dann zu wehren gewusst. Ab jenem Zeitpunkt unterbrach mich plötzlich keiner der Besucher mehr, sie warteten kommentarlos den Punkt ab. Ganz so, als hätte es eine Verschwörung in meinem Sinn gegeben. Und einmal wollte eine neue Besucherin beginnen, mir die Buchstabentafel vorzulesen: „Das ist ein [...]“. Ich schloss die Augen, ergab mich der Sprachlosigkeit und stellte mich schlafend. Am nächsten Tag kam sie wieder. „Ich wusste ja nicht ...“, sagte sie. Sie bediente seither die Buchstabentafel souverän.

Wie ist das mit Noirtier, der Figur aus *Der Graf von Monte Christo* von Alexandre Dumas? Angeblich kommt hier in der Literatur zum ersten und bisher einzigen Mal ein Patient mit Locked-in-Syndrom vor, erzählte man mir. Ich merkte mir das genau und stürzte mich, sobald ich dazu in der Lage war, auf die Lektüre dieses Werkes.

Wie eine Lampe sei er, die nicht und nicht erlösche, ergänze ich, wie klein die Flamme auch sei. Mich interessierte, wie die Kommunikation mit ihm erfolgt. Ihm werden ausschließlich treffsichere und ohne Umwege exakte Entscheidungsfragen gestellt. Hier ist offenbar ein Fall konstruiert, wie ich ihn mir für mich nur wünschen hätte können.

Auf die richtigen Fragen kommt es an! Das hatte einer meiner Brüder erkannt. Sie sind einfühlend und wurden in ihren Fragen schnell treffsicher. Meine Familie wohnt 600 Kilometer entfernt. Sie nahmen sich abwechselnd Urlaub und reichten sich bei mir die Türklinke in die Hand. Ihre ‚freie Zeit' verbrachten sie in Medizinforen oder sie malten bei mir zu Hause aus. Ich sage das jetzt aus voller Überzeugung: Mir selbst ging es damals besser als ihnen!

„Ich untersuche Ihr Herz." Als hätte ich das kalte Stethoskop auf meiner Brust nicht bereits gespürt. Der Arzt sagte nicht: ‚Ich untersuche Ihr Herz, weil wir vorhaben, Sie in der Leiste aufzuschneiden und Ihnen einen Shunt, eine Art Bypass, durch Ihr Herz zu schieben und in Ihrem Kopf zu hinterlegen.' Von Gesetz wegen konnten die Ärzte einen derartigen Eingriff nicht vornehmen lassen, ohne mich zu fragen. Eine Sachwalterschaft hatten sie vorher zu verhindern gewusst, ich rechne ihnen das hoch an. Ich lehnte ab. Dies gegen alle Empfehlungen. Ich würde auf einem Pulverfass sitzen, erklärten sie mir. Später unterzog man mich zuerst einer Magnetresonanz, dann einem Ultraschall. Seitdem sind alle diesbezüglichen Anmerkungen der Ärzte verstummt. Es scheint, als hätte ich Recht behalten.

Den folgenden Absatz füge ich nachträglich ein. Beim Durchlesen meine ich, einen unbeabsichtigt unfairen Unterton zu entdecken. Natürlich müssen die Ärzte in der Situation entscheiden und sind dabei verpflichtet, nichts unversucht zu lassen. Wenn sie mir zum damaligen Zeitpunkt einen Shunt empfahlen, handelten sie sehr gewissenhaft. Ich aber konnte auf mein Bauchgefühl hören, meinem Körper vertrauen.

Viel intensiver als mit Ärzten ist die Beziehung zu Pflegern. Sie sind immer da, verbringen 12-Stunden-Dienste mit dir, greifen dich anders an als lediglich mit einem Stethoskop. Ich hatte sehr schnell meine Umgebung sortiert. Besonders sympathisch war mir ein bestimmter Pfleger. Ich erinnere mich noch deutlich an seine Stimme und an sein Aussehen, bis auf die Körpergröße natürlich, denn ich lag in einem höhenverstellbaren Bett. Einmal hatte er von zu Hause armenischen Hard Rock für mich mitgenommen. Genau so sympathisch war mir eine bestimmte Physiotherapeutin. Ich erinnere mich an ihren unverwechselbaren Augenaufschlag und an die Elefantensafari in Thailand, von der sie mir erzählte. Als sich eines Tages gerade die beiden vor meinem Bett privat verabredeten, fühlte ich mich einsam und ausgeschlossen.

Gespräche des Pflegepersonals, sprich: die über meinem Kopf hinweg geführt wurden, habe ich stets auf mich bezogen. In meiner Bewegungslosigkeit konnte ich die Adressaten nicht unterscheiden. Zudem war meine Aufmerksamkeit erhöht und meine Wahrnehmung geschärft. Das Gehör ist bekanntlich der letzte Sinn, der aussetzt. Ein Beispiel nur: Ein Pfleger unterhielt sich einmal mit einem anderen Pfleger über sein Auto. „Die alte Kiste“, sagte er, „wenn ich bei 160 einen LKW überhole, versetzt es mich gleich um einen halben Meter.“ Ich glaubte, er hätte mein Auto, diese ‚alte Kiste‘, die ich zum damaligen Zeitpunkt fuhr, gestohlen.

Ich konnte Schritte unterscheiden. Krankenschwestern und Pfleger traten immer zügig in den Raum. Einzelne Pflegepersonen erkannte ich schon am Geschlürfe ihrer Schlapfen oder am Geklapper ihrer Crocks. Besucher erkannte ich prinzipiell daran, dass sie immer vor dem Betreten des Raums langsamer wurden, sie mussten sich innerlich kurz sammeln. Ärzte erkannte ich nie, sie glitten heran, erschienen einfach.

Mein Gesicht war völlig starr und fühlte sich an wie eine bereits erkaltete Totenmaske. Wenn ich jemanden anlächeln wollte, regte sich jenseits der Gedanken nichts. Nur die Augen tränten gelegentlich, unmotiviert, wie man meinte. In einer Nacht begann die Maske zu kribbeln, als erinnere sie sich. Am folgenden Morgen konnte ich, wenn ich mich konzentrierte, die Mundwinkel andeutungsweise nach oben ziehen. Mein Gesicht war buchstäblich über Nacht aufgewacht. „Er lächelt!", wurde dekursiert. Die Ärzte hatten zufällig am Tag zuvor die Dosis der Antidepressiva erhöht und führten das Lächeln darauf zurück. Sie sahen sich in ihrem Handeln bestätigt.

Einige Besucher gaben Versprechen ab. „Zum Geburtstag kriegst du einen neuen [...]"; „Wenn du wieder fit bist, fahre ich mit dir nach [...]". Sie meinten es gut. Draußen vergaßen sie wieder. Ich aber war drinnen, glaubte daran. Es waren Lichtblicke. Ich habe bis heute keinen neuen ... und ich war bis heute nicht in ... Darum geht es nicht mehr. Aber Tatsache ist: Sie waren verlegen, glaubten, mich ermutigen zu müssen, überbrückten dabei lediglich den Augenblick. Eine ‚Flucht-Perspektive' in die Zukunft? Andere lasen mir schlicht vor, aus der mir bevorzugten Tageszeitung oder gar ganze Bücher. Sie stellten sich mir in der Gegenwart.

„Wie ist das, locked in zu sein?", fragen mich manchmal Freunde. „Kann man sich das vorstellen?" Nein, kann man nicht. Es ist auch nicht notwendig. In Worten wäre das ohnehin nicht beschreibbar. Nur so viel: Es ist ein friedlicher Zustand.

Ich kann das nur indirekt andeuten anhand einer parallelen Situation. Damals ließ das Pflegepersonal zur Gehirnstimulation ein paar Stunden am Tag Radio laufen. Ich hörte wiederholt den Song *Back to Black* von Amy Winehouse. Zuerst fragte ich mich, ob sie an ihren Drogenexzessen gestorben sei, denn warum sonst sollte man sie dauernd spielen. Bis ich eines Tages eine Therapeutin sagen hörte: „Das ist jetzt offenbar der große Hit!“ Der Text ist belanglos. Aber wenn ich den Song heute höre, schwappen meine Gefühle über. Ungeachtet, ob ich allein, in Gesellschaft, zu Hause oder im Supermarkt bin: Ich kämpfe jedes Mal gegen Tränen der Rührung an. Die Situation von damals steigt unvermeidbar in mir hoch, ist plötzlich in allen Sinnen wieder präsent. Der Song ist assoziativ nicht mehr ‚umprogrammierbar'. Ich sagte vorhin: Ein friedlicher Zustand. Friedlich und zugleich durchdringend, ich möchte gar sagen: bewegend!

Der buddhistische Karmagedanke, das Prinzip von Ursache und Wirkung, konnte als einziger meine Situation erklären. Das tut er, gewiss, nicht ohne sich einer Metaphysik zu bedienen. Dient eine Metaphysik nicht letztlich dazu, die Endgültigkeit des Todes zu ignorieren? Karma macht nachträglich meist Sinn.

Später las ich in Nietzsches Gedicht *Die Sonne sinkt*, fand die Verszeilen wieder: *Heiterkeit, güldene, komm! / du des Todes / heimlichster, süßester Vorgenuss! [...] Nie empfand ich / näher mir süße Sicherheit, / wärmer der Sonne Blick.*

Ich konnte diesmal das Wärmende des Todesbewusstseins nachvollziehen.

Es war einer dieser Augenblicke, in denen die Zeit, verrückt und wild, aus dem Trott der Ereignisse ausbricht [...], sagt Bruno Schulz. So hatte dies meine Zeit getan.

Der Wesen der Wirklichkeit ist der Sinn, sagt Schulz (ungrammatisch) weiter. Der Satz mag richtig gewesen sein, bis der polnische Autor jüdischer Herkunft auf offener Straße von einem Nazi erschossen wurde.

Hat das Leben eine Ordnung?

Albert Sánchez Piñol schreibt: *Unordnung gibt es nur in dem Maße, wie wir unfähig sind, unterschiedliche Ordnungen und Positionen zu erkennen. Das Universum ist zu Unordnung nicht imstande, wir [die Menschen] schon.*

Das mir zugestoßene Ereignis ist in Ordnung und sinnvoll.

Jenseits der Zäune

Ich war ein Kind von etwa zwei Jahren. Meine Mutter kam irgendwelchen Haushaltspflichten nach. Es gibt auf einem Bergbauernhof schließlich immer viel zu tun. Sie hatte, um ‚Stress' zu vermeiden, die Terrasse mit Zäunen abgesperrt. Ich sollte nicht ohne jede Ankündigung davonlaufen. ‚Wozu sind Zäune da?' Das Kind kombinierte schnell: ‚Klar, damit ich drübersteige.' Ohne weiter einen Gedanken zu verlieren, kletterte ich über die Zäune. Kein Hindernis konnte unüberwindlich sein. Nicht, dass meine Mutter das nicht bemerkt hätte, aber sie war im Moment wohl zu beschäftigt, um es verhindern zu wollen. Dann lief ich und lief, entdeckte eine mir unbekannte Weite. Die Welt blinzelte mir zu. Ich entdeckte dies und ich entdeckte das. Plötzlich stand ich vor einem Monster mit riesengroßen Augen. Es war ein Kalb gewesen, wie ich heute weiß, das mich mit seinen Kulleraugen verdutzt angestarrt hatte. Mir war plötzlich mulmig und ich flüchtete, lief zurück zu den Zäunen, suchte Schutz. Dahinter oder davor? Wie gesagt, kein Hindernis konnte mich abschrecken. Meine Mutter tat, als hätte sie nichts bemerkt. Aber sie verriet sich durch ein Schmunzeln, so als würde sie damit ganz für sich bleiben wollen. Dann entkamen ihr doch ein paar Worte: „Ci malan aste pa odü?“ Welchen Teufel hast du gesehen?

Heute, viele Jahre später, bin ich versucht, diesem Erlebnis eine symbolische Ebene hinzuzufügen. Die Zäune könnten die der Tradition sein, aber auch die des Schutzes oder des Horizonts, den es zu verschieben gilt. Waren für mich als Kind damals die Zäune nicht eine Konvention? Gewiss, die Konvention und damit die Grenze meiner damaligen Welt. War das Drübersteigen nicht schon damals nackte Leidenschaft? Etwa: Das kann ich schon! Die Symbolik war bestimmt schon vorhanden, lediglich die Ausprägung war eine andere, wie das im Übrigen immer in Relation zum eigenen Leben zu setzen ist.

Die Frage

Ich war sechs Jahre alt. Ich musste aufs Klo. Dringend. Ich zwickte und zwackte, so gut es eben ging. Irgendwann musste ich doch. Und ich benahm mich dabei so artig, wie ich konnte, was das auch bedeutet haben mag. Schließlich schaute sie zu. Sie, die soeben verstorbene Tante. Sie musste irgendwo da oben sein, weil der Himmel immer oben ist.

Die Frage, die ich hatte, war quälend und beschäftigte mich. Mein Hausverstand schien mir zum ersten Mal zu versagen. Die Ausdauer eines Kindes misst sich bekanntlich anders: Ich platzte schnell heraus, mit der Frage. Wem gegenüber? Der Mutter, klar, die ist ja auch zum Schuhe Binden da. „Can che l'ultima porsona mör, che la sopelësc pa?" Wenn der letzte Mensch stirbt, wer begräbt ihn dann?

Wenn ich heute dem kleinen Jungen, der ich damals war, gegenüberstehe, ist mir die Frage genau so groß, wie sie ihm groß war.

Ein Fragender war ich immer.

Das glückliche Huhn

Das Huhn hat Flügel, also muss es fliegen. Fliegen können, fliegen wollen. Wie alt mag ich gewesen sein? Manchmal verlässt einen die genaue Erinnerung. Ich suchte mir unter dem Gefieder zu Fuß eines aus. Ganz spontan versuchte ich, ohne dass es weiter nachvollziehbar gewesen wäre, das Huhn zu fangen. Das Huhn schlug unvorhersehbar und ungezielt Haken, bestimmt aus der Laune des panikgesteuerten Augenblicks. Wäre doch gelacht, vor so einem blöden Federvieh aufzugeben. Es war ja nur eine Frage der Zeit.

Richtig. Das Federvieh lag, friedlich ergeben, in meiner Armbeuge. Was folgte, war überlegt.

Auf einem Bergbauerhof, wo der Stadel immer in den Hang gesetzt ist, ist das oberste Stadelfenster auf der Talseite besonders exponiert. Ich glaubte, das Federvieh, das ja Flügel hat wie jeder andere Vogel, könne, müsse zu seinem Glück gezwungen werden. Wohin der Weg mit dem Huhn nun führte, lässt sich bereits erraten. Zum Stadel, und zwar zum Fenster zuoberst auf der Talseite. Das Huhn war noch immer ergeben.

Mag sein, dass es beim Anblick der gähnenden Leere, Ärgeres konnten sich Huhn und Kind nicht vorstellen, instinktiv nervös geworden ist. Nicht ersichtlich jedenfalls.

Dann nahm ich mein Huhn und warf es entschlossen in die Luft. Ein Huhn fliegen zu sehen, das erwartete ich mir. Irgendetwas Neues muss das Leben doch täglich bieten. Das Huhn war aus seiner Lethargie erwacht und gackerte, gackerte diesmal hörbar und sichtlich nervös. Es flatterte nun tatsächlich. Die Fluglinie führte es aber nicht etwa hoch über den Abgrund und weit ins Tal hinaus. Es trudelte, erwartungsgemäß, wie ich heute ergänze, zu Boden. Dort schüttelte es sich zuerst, als wäre es unter einen Regenguss gekommen, und nahm dann scharrend sein glückliches Leben wieder auf.

Seither erhärtet sich bei mir der Verdacht, dass jedes Wesen sein Glück selbst bestimmen will.

Verweigerung

Ein Mensch lernt zuerst nein sagen, braucht gewissermaßen Widerstand, wogegen er sich definiert. Führungswiderstand. Wie im Leben jedes Jugendlichen damals kam irgendwann und unvermeidlich die Zeit, in der ich mich entscheiden musste. Bezüglich Präsenzdienst zumindest. Die leichtere Wahl war die des geringsten Widerstands, wie immer. Der leichte Weg war, wie die meisten zum Militär zu gehen. Vielleicht hätte man damit ja angeben können, irgendwelche Mädels hätten sich als Opfer so mancher verbalen Prahlerei zur Verfügung gestellt. Irgendwer hätte die Auffassung geteilt, dass Mann sonst nicht mitreden könne. Der leichte Weg.

Ich hatte eine ‚Ausländerin' als Lebensgefährtin und Freunde aus aller Welt. Wie Studenten sind. Sozial offen für andere Sprachen und Kulturen.

Der andere Weg damals war, den 12 Monate dauernden Militärdienst abzulehnen und stattdessen 20 Monate Zivildienst zu leisten. Die zeitliche Benachteiligung nahm ich in Kauf, denn so blieb ich mir selbst treu.

Ich stellte, wie damals notwendig, einen schriftlichen Antrag. Sinngemäß lautete dieser (das Original ist auf italienisch): *Ich bin aus ganz prinzipiellen Gründen und aus unumgänglichen Gewissensgründen nicht nur gegen den persönlichen Gebrauch von Waffen unter jedem Umstand, sondern vielmehr auch gegen deren organisierten, institutionellen, kollektiven und ‚legalen' Gebrauch, gleichermaßen in zivilen wie in internationalen Konflikten und unabhängig von jedem Anlass oder besser von jedem Vorwand. Ich verurteile entschieden jeden Gebrauch der Waffe nicht nur aufgrund ihrer antidemokratischen Bestimmung, sondern vor allem aus dem inakzeptablen Grund, dass niemand, der sich anschickt, zu töten oder getötet zu werden, jemals nach seiner religiösen, humanen und moralischen Überzeugung gefragt wird und er dadurch jeder persönlichen und individuellen Verantwortung enthoben ist.* Und weiter schrieb ich: *Ich habe erkannt, dass das menschliche Leid aufgrund von Unfällen oder Krankheit, von physischem wie psychischem Handicap, von unzureichender medizinischer oder menschlicher Versorgung und das Bewusstsein über die Veranlagung der Gesellschaft diesseits wie jenseits der Grenze grundlegend dieselben sind und die Menschheit über alle politischen Grenzen hinweg einen. Ich weigere mich gegen jeden Vorwand, meine Überzeugungen und Ideale in ihrem menschlichen, religiösen und philosophischen Ausmaß durch politische Meinungen begrenzen zu lassen. Ich bin selbst Verantwortlicher und der Richter, meine Überzeugung auszudrücken und das Gegenüber für meine menschlichen Dialoge zu wählen.* Und so fort, alles Weitere ist Zugeständnis an den amtlichen Charakter des Antrags. Ich habe auf das Gemeinsame, nicht auf das Trennende gesetzt. Das einzig Abstruse dabei: Der Antrag musste an das ‚Verteidigungsministerium' und damit genau an die Organisation gestellt werden, die ich als solche ablehnte. Es gab kein verfassungsmäßiges Recht zur ‚Verweigerung' (welche Negativität des Ausdrucks!); diese Missbilligung wurde einem lediglich zugestanden, als Gnadenakt. Dem Anspruch nach wurde legitimiert.

Jemand hätte mir damals die persönliche Verantwortung abnehmen wollen. Das war, als hätte man mir Pest und Cholera angedroht.

Wir werden immer noch für den Krieg erzogen. Ich denke mir das jedes Mal, wenn irgendwo symbolische Handlungen gesetzt werden wie

Kranzniederlegung, Gefallenenehrung und dergleichen mehr. Da halten zum Beispiel Generäle genau die Werte hoch, die sie in die prekäre Lage bringen, und damit perpetuiert sich die Perversion. Die Gefallenen werden ideologisch wieder zur Munition, die Gewehre, durch die sie umgekommen sind, sind wieder durchgeladen. Wer der Meinung ist, es gäbe keine Alternative zur Kriegsbereitschaft, ist ein Barbar.

Wer keine eigene Meinung vertreten lernt, endet als ideologisches Kanonenfutter.

Ich war Schüler in einem katholischen Internat, in der Zeit des Kalten Krieges. Erzieher hatten einen Vortrag organisiert, sie hatten einen Journalisten natürlich vom katholischen Sonntagsblatt eingeladen, mit uns Schülern über seine Arbeit zu sprechen. Er erzählte uns über seine Arbeit in der Sowjetunion: „Wir dürfen uns einen sowjetischen Bauern nicht etwa als blutrünstigen Mörder vorstellen!“, sagte er und zeigte auf das kyrillisch beschriftete Ziffernblatt seiner Armbanduhr; er hatte sie als Gastgeschenk von einem sowjetischen Bauern erhalten. Wir beschimpften ihn: „Kommuniiist!“ Wir waren genauso entsetzt wie von unseren Worten überzeugt. Wir waren in unserem ideologischen Kontext gefangen. Wir hatten keine eigene Meinung. Viel später, als ich in Paris an einer Universität vor überwiegend französischen Studenten darlegte, man solle die Sprache gerade mit dem Sinn besetzen, den man ihr geben wolle, man dürfe sie keinesfalls dem Gesinnungsgegner überlassen, stieß ich auf folgenden Liedtext Jean Jacques Goldmanns: *Möge es dir und mir solange wie möglich erspart bleiben, eines Tages sich für eine Seite entscheiden zu müssen.*

Ich würde heute nicht anders argumentieren. Mein ausgeprägter Wunsch nach Entscheidungsfreiheit und Unabhängigkeit war damals schon angelegt.

Entlang der alten Salzstraße: Königreich Mustang

Der Name Mustang ist eine korrumpierte Form von Lo Manthang, der Hauptstadt von ‚Lo', dem ‚Land an der Grenze Tibets'. Politisch gehört Lo seit der indirekten Eroberung durch die Gorkhas 1790 zu Nepal. Ethnisch und kulturell aber ist es tibetisch; die Lobas, seine Einwohner, sprechen einen tibetischen Dialekt, kleiden sich tibetisch, ihre Religion ist der tibetische Buddhismus, ja sogar die Landschaft ist tibetisch.

Lo Manthang liegt auf 3.800 m über dem Meeresspiegel und ist nur 15 Kilometer von der tibetischen Grenze entfernt. Im Sommer leben dort ca. 1000-1200 Menschen, im Winter bleiben rund 100 Leute zurück, die meisten ziehen mit ihrem Vieh oder auf der Suche nach Arbeit in den Süden.

Lo war einmal von Bedeutung wegen seiner Salzstraße. Tibetische Nomaden bauten an den Salzseen des Changtang in Tibet Salz ab und gingen damit auf Handelsreise. Diesen alten Salzkarawanenweg bin ich entlanggegangen. Er führt durch die tiefste Schlucht der Welt, der Schlucht des ‚schwarzen' Flusses Kali Gandaki zwischen den Achttausendern Annapurna und Dhaulagiri.

Eine Straße gibt es bis heute nicht. Jeder geht zu Fuß oder reitet.

Ich hatte einen Koch und drei weitere Träger dabei (keine Sherpas, sondern Gurungs, eine andere Ethnie). Diese Burschen haben in ihrer Leistung meine Erwartungen übertroffen.

Wetterbedingt fiel mein innernepalesischer Flug von Pokhara nach Jomsom, meinem eigentlichen Ausgangspunkt, ins Wasser – Monsun! Ich war darauf eingestellt. Die Entscheidung, zu Fuß zu gehen, traf ich schnell. Insgesamt 18 Tage lang gab es keine Flüge, wie ich später erfuhr. Ich brauchte drei Tage.

Lo liegt hinter Annapurna und Dhaulagiri. Diese beiden Riesen bilden eine Barriere für den Monsun. Da der Himalaya nicht die Wasserscheide bildet (sondern der Transhimalaya in Tibet), erlebte ich auf den Fußmarsch den Kali Gandaki hinauf einen landschaftlichen Bühnenwechsel vom nebelverhangenen, verregneten Wald zur Gebirgswüste. Lo ist Wüstenlandschaft. In jahrhundertelanger Arbeit haben die Menschen dem Erosionsboden fruchtbare Terrassen abgerungen und mit Gletscherwasser bewässert.

Alle Menschen, denen man in Lo begegnet, fragen stets: Wohin gehst du? Woher kommst du? Wie ist der Weg? Sie sind von sehr offener, natürlicher Art. Wie wesentlich solche Fragen sind, kann erst nachvollziehen, wer selber dort unterwegs ist. Denn in einer solchen Landschaft überlebt nur, wer auf Distanz zu seinem ‚Ego' geht und in Harmonie mit sich selbst, den Menschen und der Natur lebt.

Landschaftliche Eindrücke sind kaum in Worte, auch nicht in Fotos zu fassen. Was fehlt, ist die unmittelbare, intensive Art, die Natur zu erleben. Ich bleibe dabei: Die wirklichen Bilder kannst du nur im Herzen speichern.

Vor der Besetzung Tibets durch China war Lo ein reiches Land. Der Handel mit Salz und anderen Gütern florierte. Die Herden und Karawanentiere (Yaks, Pferde) wurden nach Tibet zum Weiden gebracht. Heute ist die Grenze dicht (kilometerweit Stacheldraht!). Das Land ist verarmt. Junge Menschen flüchten aus dieser ‚restricted remote area' und suchen Arbeit in Nepal oder Indien.

Der frühere Wohlstand hat im 15. Jahrhundert eine kulturelle Hochblüte ermöglicht, die noch heute zu sehen ist. Ich habe vor einigen Jahren eine Reportage im Fernsehen gesehen über ein italienisches Restauratorenteam, das einen Tempel in Lo Manthang restaurierte. Die künstlerische Qualität vor allem der Seccomalereien, so der damalige Projektleiter, sei mindestens die der Fresken in der sixtinischen Kapelle. Und er wusste, wovon er sprach, denn immerhin hatte er zuvor in der sixtinischen Kapelle restauriert. Den Tempel, den ich in der Reportage gesehen hatte, habe ich, einmal vor Ort, gleich wiedererkannt. Der Eindruck war überwältigend. Und im nächsten Tempel von Lo Manthang treffe ich dann tatsächlich die Italiener an! Ich habe mich schnell mit ihnen angefreundet. Zusammen haben sie rund 40 Einheimische als Restauratoren ausgebildet. Den dritten Tempel von Lo Manthang sollen die Lobas in Eigenregie restaurieren. Ich erhielt informellen Zugang zur Königsfamilie und somit einzigartige Einblicke ins Land.

Auf meiner Rückreise hatte ich Glück, wir konnten einen Zufluss des Kali Gandaki, der bis kurz zuvor unpassierbar war, furten. So konnte ich meinen Rückweg auf der anderen Seite des Flusses Kali Gandaki wählen, und es hat sich gelohnt.

Dies nicht zuletzt wegen der Saligram, die dort zu finden sind. Ein Saligram ist ein Ammonit, der eine 150 Millionen Jahre alte Geschichte erzählt: Dort, wo heute die höchste Gebirgskette der Welt steht, war einmal das Tethysmeer.

Chi fa un viaggio rischia di arrivare. Wer eine Reise tut, riskiert, dass er ankommt. Das steht auf einem T-Shirt, das mir eine Freundin immer mitgibt, wenn ich unterwegs bin.

Nach all den interessanten Momenten in Mustang bleibt aber die Frage: Wie wird dieses Land, das noch authentisch ist und gern als mittelalterlich romantisiert wird, die Zukunft bewältigen? Wir können nicht verlangen, dass seine Menschen ohne Straße bleiben und ihre Kleider weiterhin im Bach waschen, nur weil wir es so beschaulicher finden. Und vor allem: Wie soll, wie kann und will es überhaupt seine Kultur mitnehmen?

Sunsetsprung

„Wiiiederschau'n!" Dies der saloppe Ausstiegbefehl des Piloten eine nautische Meile vor dem Flugplatz in viertausend Metern Höhe.

Wer fliegen will, muss den Boden unter den Füßen verlieren können.

An den ersten Sprung erinnere ich mich, als wäre er gestern gewesen. Pilot, Flugzeug, Höhe, Fallschirmtyp, Wind und Anflug, Ausbildner. Alle Einzelheiten bleiben unvergessen. Hier aber wird der (vorerst) letzte Sprung geschildert. Er bleibt mir auch in besonderer Erinnerung.

Etliche von uns stiegen aus, hielten sich an eigens angebrachten Haltegriffen außen noch fest, um auf die anderen zu warten. Der Pilot hatte die Turbine bereits gedrosselt und balancierte das Flugzeug mit geringstem Airspeed. Auf das übliche optische Zeichen sprangen wir, wir wollten gemeinsam ‚aus allen Wolken fallen'. Es war der letzte Sprung des Tages, und es war, wie so oft, ein Tracky, ein Sprung, bei dem die Springer in der Luft horizontal Strecke machen.

Und es war gerade Sonnenuntergang, sunset. Voraus bei einem Tracky fliegt immer ein Springer am Rücken liegend, der Geschwindigkeit und Richtung vorgibt. Diese Rolle ist die der Tracksau, von den gelangweilten Freundinnen am Boden neckisch „Drecksau“ genannt. Die Tracksau war diesmal mit einer unter dem Helm hervorflatternden Perücke verkleidet. Lange lockige Haare waren der Ausdruck dafür, dass der Sprung, ohne jeden Erwartungsdruck, einfach nur Spaß machen sollte. Wir flashten in die untergehende Sonne los. Der Pilot, nunmehr ohne Passagiere, stürzte sich mit seiner Maschine in der Zwischenzeit in die Tiefe, so wie er das in seinem Beruf sonst nie tun darf.

Die untergehende Sonne spiegelte sich auf der Oberfläche des Wassers, der Boden in der Tiefe lag bereits im schattigen Dunkel. Vereinzelte Wolken waren uns Referenz für das Wahrnehmen der eigenen Geschwindigkeit. Dem Freifallkameramann riss einen Augenblick lang die Strömung ab und er verlor uns gegenüber an Höhe, er verließ die Formation. Auf seinem Video war niemand mehr zu sehen. So bleibt der letzte Sprung ohne optischen Beweis und gerade deshalb in besonders lebendiger Erinnerung.

Ein guter Sprungtag ging zu Ende. Dann kehrte jeder aus der gemeinsamen Parallelwelt heim in seine eigene.

Ein Alltag

Ich musste Kanüle wechseln, wie das nun einmal so ist mit künstlichem Atemzugang. Die mich begleitende Logopädin rollte mich in meinem Rollbett auf die HNO-Abteilung des Krankenhauses. Ich lag im Gang. Etliche ambulante Patienten warteten mit mir auf die Behandlung. Ich stand ihnen offenbar im Weg, denn sie schoben mich nach Belieben auf Seiten und weiter auf Seiten. Die Logopädin sprach mit den Ärzten, damit ich bald drankäme.

Ich kam dran. Während ein diensthabender Arzt die neue Kanüle durch das naturgemäß enge Stichloch in meine Luftröhre schob, begann ein ambulanter Patient sich lautstark zu beschweren: Auf seinem Papier stünde 11:00 Uhr, jetzt sei es schon 11:30 Uhr, es sei unzumutbar, dass er warten müsse. Die sinnlosen Wiederholungen, wie sie dieser Patient vorbrachte, wiederhole ich selber nicht. Man stelle sich einfach vor, wie jemand, der offensichtlich entschlossen ist, böse zu sein, davon nicht mehr abzubringen ist. Die Ärzte bewahrten Haltung und erklärten ihm, man sei in einem Krankenhaus und man könne die

Dauer der einzelnen Behandlung nicht genau vorhersagen, das Übliche. Ich fragte mich indessen, ob jemand, der über eine Belanglosigkeit so ungehalten ist, überhaupt wisse, was krank sein heißt. Ich konnte zwar nicht reden, aber die rechte Hand etwas bewegen. So zeigte ich diesem Typ den Stinkefinger.

Als ich auf die neurologische Abteilung zurückkam, gaben sich alle schrecklich entsetzt. „Aber Herr Taibon, so etwas tut man doch nicht!" Hinter vorgehaltener Hand mussten sie aber schmunzeln. Mein Auftritt hatte sich in Windeseile durch die beiden Abteilungen herumgesprochen. Ich hatte offenbar genau so reagiert, wie das Krankenhauspersonal selber gern reagiert hätte.

Der Typ war mir gleichgültig. Mir ging es um meine Psychohygiene. Insofern war die Geste von fundamentaler Bedeutung gewesen.

Viel später bei der Aufnahme in eine neue Klinik wurde ich gefragt, welche meine Ziele für die Therapie seien. Ich sagte: „Den Stinkefinger herzuzeigen und jemandem den Vogel zu deuten. Und zwar mit links!" Die Ärztin lachte: Auch so könne man Ziele definieren. Sie fand das vielleicht originell. Ich aber meinte das nicht grundlos. Ist Sarkasmus in Wirklichkeit nicht Indikator für das, was uns beschäftigt?

Die Psychohygiene wird von außen stets angegriffen. Ich erinnere mich an zwei Damen, die den Mann im Bett neben mir besuchen kamen. Er könne nicht sprechen, klagten sie untereinander. Hatten sie einmal das Krankenzimmer verlassen, funktionierte die verbale Kommunikation mit dem Krankenhauspersonal einwandfrei. Würde ich heute für einen Psychothriller die Rolle der unheimlich spionierenden Hausmeisterin besetzen müssen, ich würde mich an sie erinnern. Sie kamen also täglich zu meinem Bettnachbarn auf Besuch. Zuerst regelten sie sich die Heizung. Sie kamen, es war die kalte Jahreszeit, von draußen und waren in dicke Mäntel eingehüllt. Klar musste ihnen die Wärme für weitgehend reglos liegende Patienten zusetzen. Da mein Bettnachbar kein Programm bieten wollte, unterhielten sie sich eben untereinander. Immer wieder musterten sie mich mit indiskreten Blicken. „Was hat er denn?“, brach eine von ihnen irgendwann heraus. Die gerade anwesende junge Krankenschwester antwortete wortkarg: „Schweigepflicht!" Die Damen glaubten, das letzte Wort behalten zu müssen; ungläubig und zugleich empört warfen sie ihr ein in Österreich typisches „Geh!" entgegen. Es prallte ab, die Krankenschwester werkte unbeirrt weiter. Als der Bettnachbar verlegt wurde, war ich erleichtert. Eine erste Attacke war vorüber.

Meine Fingernägel waren seit vielen Wochen nicht mehr gepflegt worden und zudem löste sich die oberste Hautschicht an den Fingern und in der Handfläche aufgrund taktiler Inaktivität ab. „Fingernägel sind grauslich!", sagte ich mithilfe meiner Buchstabentafel. „Herr Taibon, es gibt jetzt doch Wichtigeres!", antwortete mir eine Therapeutin. Ich empfand das als eine herabwürdigende Entgegnung. Denn es ging nicht nur um die Fingernägel, sondern um mein Selbstwertgefühl. Gerade wenn es einem schlecht geht, klammert sich die innere Haltung an das, was noch intakt sein kann und sei es die Sauberkeit der Fingernägel. Ich war ja nicht in einem Abenteuer, wo ich mich freiwillig etwa nicht rasierte.

Wie öfter hatte man mich am Gang abgestellt mit Blickmöglichkeit durch ein Fenster, ich sollte mehr sehen als immer nur ein- und dasselbe

Zimmer. Eine junge Frau ging zum nächsten Ausgang, sie war offenbar in einem anderen Zimmer auf Besuch gewesen. Sie hielt sich schützend die Hand vor das Gesicht, um mich nicht sehen zu müssen. Sie mag nicht sonderlich belastbar gewesen sein, das war ihr Problem, gewiss. Wie sich aber ein ‚Aussätziger' in der Gesellschaft fühlen muss, weiß ich seit damals genau. Ich konnte nicht handeln, ich hätte mich ihr in dem Moment am liebsten in den Weg gestellt, damit sie sich dem Anblick stellt.

Alle vier Tage bekam ich einen Einlauf. Dies über ein paar Monate hinweg. Es war mir unangenehm, auch körperlich. Schließlich war ich mit der betreffenden Krankenschwester vorher nicht im Erotikladen shoppen gewesen. Einmal erklärte mir eine Krankenschwester, dass sie das Verabreichen von Einläufen gewohnt sei, sie sich nichts denke und sich niemand dabei genieren müsse. Das glaube ich ihr. Wie sie das wahrnimmt, ist nicht von Belang.

Dinge sagen sich leicht, wenn man die Option hat. Sie duscht sich nach dem Dienst die Krankenhausexistenz ab wie den Staub des Tages und geht in die Welt hinein.

Monatelang musste ich im Bett liegend in die Windeln machen. Anschließend läutete ich, sobald ich läuten konnte, was so viel hieß wie: „Bitte sauber machen!“ Unter sauber verstehe ich zwar etwas anderes, als nur mit Feuchttüchern abzuwischen, aber sei es drum. Einmal erschien ein Pfleger und sagte, ich solle noch etwas warten, vielleicht komme ja noch was nach. Er belehrte mich tatsächlich über meine eigene Scheißerei! Ich wartete, bis er das Zimmer verlassen hatte, läutete dann sofort wieder. Es ging ihm offensichtlich nur um Bequemlichkeit, denn er gab nach. Ich aber habe mich durchgesetzt.

Alle paar Stunden wurde ich vom Rücken auf die Seite oder umgekehrt gelegt, damit ich nicht wundliege. Das Pflegepersonal hatte da einen Plan, auf der To-do-Liste standen Zeiten. Ich bekam aber vom Liegen schnell Schmerzen. Nun konnte ich, wie gesagt, läuten. Das allein war schon ein Erfolgserlebnis. Etliche Wochen lang war es nicht so gewesen; ich hatte meine schmerzliche Erfahrung. Sobald dann jemand kam, rollte ich immer den Kopf auf die andere Seite, was so viel hieß wie: „Bitte umlagern!“ Einmal aber erschien der besagte Pfleger, schaute auf die Uhr und sagte, statt sich wie üblich eine zweite Person für diese Aufgabe dazuzuholen, ich solle besser noch etwas warten. Eine andere Krankenschwester nahm sich meiner an, meinte nur: „Was soll er machen, wenn er nicht liegen kann?“, und lagerte mich allein um. Wie ich später erfahren habe, wurde sie dafür von einer bestimmten Kollegin kritisiert: Sie verwöhne mich.

Nach und nach erkämpfte ich mir die Würde zurück. Irgendwann war ich rollstuhlfähig und irgendwann musste ich mich vom Pflegepersonal auch nicht mehr auf die Klomuschel setzen lassen. Ich schaffte es nunmehr, meine elementarsten Bedürfnisse allein zu regeln. So stellten sich dann die Krankenschwestern zu Beginn des Nachtdienstes vor: „Guten Abend, ich bin Schwester [Soundso], Stuhl hatten Sie oder nicht?“ Eines Tages aber geschah folgendes: Ich hatte mir mit der funktionsfähigen Hand gerade Unterhose und Jogginghose wieder hochgezogen; das Klo war vorschriftsmäßig nicht versperrt, ich hätte ja unerwartet Hilfe brauchen können. Da stürmte plötzlich und unangekündigt eine Krankenschwester das Klo, sah mich da stehen, reagierte blitzschnell und mit übertriebener Dienstbeflissenheit: Sie riss mir die Jogginghose mitsamt Unterhose wieder hinunter.

Als ich endlich ohne Tracheostoma war, die operativ angelegte Öffnung der Luftröhre, durfte ich wieder fließendes Wasser an mich ranlassen. Aber selber waschen konnte ich mich noch nicht. So kam immer eine Pflegeperson, brachte mich ins Bad, in Plastikschürze zum Schutz gegen das Spritzwasser, und duschte mich. Einmal aber kam eine Krankenschwester in Begleitung einer anderen. Diese andere hockte sich auf den Boden nieder, sie war offensichtlich nur zum Plaudern mitgekommen. Unter einem Schwall an Urlaubserinnerungen wurde ich also geduscht.

Hat ein Patient Würde und Intimsphäre? Theoretisch natürlich ja, ein Patient ist ein Mensch wie du und ich. Aber auch im Klinikalltag? Die Intimsphäre soweit wie möglich zu respektieren wird fallweise vernachlässigt. Ein Mitmensch wird als Patient in dieser Dimension nicht wahrgenommen, als gehöre sie ihm nicht, als wäre er geschlechtslos. Mehrmals ist Pflegepersonal auf den routinemäßigen Kontrollen gegen die versperrte Klotür gekracht! Verwechsle ich da nicht Würde mit Intimsphäre? Nein. Denn wo die Intimsphäre verletzt wird, ist die Würde immer mitbetroffen. Die Grenzen der eigenen Würde muss ich immer selbst bestimmen dürfen.

Würdelos zu sein, daran gewöhnt man sich nie. Nie wird das zur Routine, denn: Routine, das ist immer die der anderen. Um die geht es nicht.

Erfahrung wird viel zu oft am Erfolg gemessen. So las ich im Briefwechsel zwischen Bachmann und Celan, ich hatte mich an der Indiskretion der Lektüre beteiligt. Ich machte vielerlei Erfahrungen. Erfahrungen, die nicht messbar waren.

Als ich, tracheostomabedingt, noch nicht reden konnte, war ich, wie geschildert, von der Buchstabentafel abhängig, oder vielmehr davon, dass sich jemand Zeit für mich nahm. Seit ich den Kopf bewegen gelernt hatte, genügte es, zur Tafel zu deuten und diese mit den Augen zu fixieren, um zu signalisieren: „Ich will etwas sagen!" Mir war sehr bald eine bestimmte Krankenschwester aufgefallen, die immer zur Buchstabentafel griff und, als sei es das Selbstverständlichste, mich reden ließ. Manch anderer würdigte die Buchstabentafel mit keinem Blick und übersah mein Signal geflissentlich. Wenn ich aber diese bestimmte Krankenschwester zu Beginn eines Dienstes sah, wusste ich: ‚Heute ist ein guter Tag!' Ich habe im Verlauf meiner Geschichte gelernt, auf mein Gefühl zu hören, und zwar ausschließlich. Ich bin damit immer richtig gefahren. Also fixierte ich in Anwesenheit dieser Krankenschwester die Buchstabentafel, sagte: „Sie sind lieb!" Sie war kurz sichtlich irritiert, und ich begann dann doch zü zweifeln, ob ich passend gehandelt hätte. Später besuchte sie mich immer wieder, unabhängig davon, wie weit weg ich gerade auf Rehabilitation war.

Die Logopädin, von der die Rede war, erzählte, sie mähe den Rasen mit Mundschutz, aufgrund einer Heuallergie. Mit Mundschutz im Bikini. Der Nachbar schaue ihr jedes Mal zu, er schaue ihr natürlich auf den Mundschutz. Das ist eine bestimmt belanglose Geschichte. Sie war es nicht für mich. Wie sonst hätte ich mich am Leben beteiligen können? Etwa, indem ich durch das Tracheostoma zu rauchen begonnen hätte?

Ich schnappte jede noch so kleine Geschichte auf und hütete sie mit Elefantengedächtnis.

Wie etwa die Geschichte einer Ergotherapeutin. Ich hatte ihr ein Lokal empfohlen, in dem man Tee-, Kaffee- und Trinkschokoladensorten aus vielerlei Ländern findet. Als kleinen Dank hatte sie mir von dort eine besondere Schokolade mitgebracht. Ich öffnete sie sehr bald und aß sie auf, dabei verströmte im ganzen Zimmer der Duft des Bergamottengeistes. Als die Ergotherapeutin mein Zimmer wieder betrat, war sie verwundert und belustigt zugleich. Belustigt über den von ihr übersehenen Bergamottengeist und verwundert darüber, dass ich die ganze Schokolade auf einmal gegessen hatte. Ich hätte nur ein kleines Stück davon essen dürfen und das besonders vorsichtig, so war die Anordnung der Logopädin gewesen, denn die Sonde, über die ich monatelang ernährt worden war, war erst kurz zuvor entfernt worden.

Wie etwa die Geschichte einer weiteren Ergotherapeutin. Sie war immer braungebrannt und trug dazu diskreten indischen Schmuck; das verlieh ihrem Erscheinen eine unverwechselbare Note.

Oder wie später etwa die Geschichte einer dritten Ergotherapeutin. Sie vertraute mir bei einem privaten Treffen ihre mittelfristigen Lebenspläne an. Sie werde kündigen, sich vorübergehend in einem buddhistischen Kloster zurückziehen und dann im Rahmen einer Hilfsorganisation ehrenamtlich ein Jahr lang vielleicht in Indien arbeiten. Ich erzählte ihr von meiner Motorradtour durch

Ladakh. Beim nächsten Treffen sagte sie: „Ich gehe nach …“ – „Ladakh, ich weiß“, unterbrach ich sie. Uns verbindet heute eine einmalig schöne und warmherzige Freundschaft. Klein ist diese Geschichte übrigens schon lange nicht.

Ich hatte den Bogen überspannt. Im Nachhinein betrachtet. Freunde hatten die Idee gehabt, mich im Rollstuhl zu einer Vernissage zu entführen. Ich hatte vorher Informationen einholen lassen: Alles sei behindertengerecht, natürlich! Die Freunde begleiteten mich. Wir fuhren mit den öffentlichen Verkehrsmitteln. Zuerst mit dem Bus, dann mit der U-Bahn. Um die U-Bahn zu erreichen, nahmen wir den Lift, zum Glück gab es den. Allerdings musste ich lang warten. Ich musste warten, bis ihn gesunde Leute, die ihn aus Bequemlichkeit oder Faulheit blockierten, freigaben. Die Faulheit ist die treibende Kraft unserer Zeit. Man behinderte mich, weil die paar Stufen, die zu Fuß schneller zu bewältigen gewesen wären, in manchen Menschen den Mechanismus des Umweges aktiviert hatten. Der Gedankenlosigkeit dieser Menschen war ich ausgesetzt.

Als wir ins Gebäude gelangten, in dem die Vernissage stattfinden würde, waren da gleich zwei

Stufen, unüberwindbar für mich. Einer der Freunde, die mitwaren, packte an und hievte mich mitsamt Rollstuhl drüber. Die Vernissage aber würde im Stockwerk stattfinden. Wo war der Lift? Wie es in Altbauten meist der Fall ist: Nachträglich war ein Lift eingebaut worden, und naturgemäß, er war eng. Ich passte mit dem Rollstuhl gerade noch hinein. Glück gehabt. Dann rollte ich zur Vernissage. Die Tür zu den Räumlichkeiten der Galerie war eine Flügeltür und nur ein Flügel war offen, der andere war durch Möbel verstellt. Ich passte in meinem Rollstuhl nicht durch die Tür. Man baute um. Ich, unangenehm berührt, musste erst einmal warten. Noch bevor mir die Bilder der Ausstellung präsentiert wurden, konfrontierte man mich mit meiner Unzulänglichkeit.

Einige bekannte Gesichter waren da, Leute, die ich noch von einem anderen Leben her kannte und die mich überschwänglich begrüßten. Ich rollte mich ins Abseits und versuchte, noch vor der Laudatio, mich auf die Bilder zu konzentrieren. „Ich hab mit Ihren Bildern noch immer sehr viel Freude!“, sagte plötzlich eine Stimme über mir. Ich erkannte einen Herrn, der auf einer Fotovernissage von mir im Jahr zuvor zwei Fotos gekauft hatte. Ich fühlte mich meinen Emotionen plötzlich nicht mehr gewachsen und war dem einsetzenden Weinkrampf schutzlos ausgeliefert.

Ich verließ frühzeitig die Vernissage. Zuvor hatte ich noch zwei Bilder gekauft, sie sollten mir Belohnung für den ersten Ausflug sein. Wieder das Spiel mit den Stufen und ich war in der Anonymität. Wie es ganz normal ist, musste ich irgendwann aufs Klo. „Kein Problem", sagte ich mir, „ich bleibe in der nächsten U-Bahnstation stehen." Kein Problem? Der Lift war an einem Ende der Station, das Klo aber am entgegengesetzten. Der Weg dazwischen führte über Kreuzungen und plötzlich in ihrer Unebenheit wahrgenommene Gehsteige. Das Klo war völlig verdreckt und die Tür überdies zu eng, als dass ich mit dem Rollstuhl durchgepasst hätte. Wie sollte ich mich umsetzen? Ich war wieder auf Hilfe angewiesen. Ich ließ den Rollstuhl in der offenen Tür, der Freund stützte mich, damit ich nicht umfallen könne. So versuchte ich zu urinieren.

Später, als ich in die Klinik zurückgeflüchtet war, begann ich zu reflektieren. Natürlich, ich war dort gewesen, man wird sich in Zukunft erneut darauf berufen, etwa: ‚Es waren schon öfter Rollstuhlfahrer da.' Aber war ich Cäsar? Was, wenn ich keine muskelbepackte Begleitung mitgehabt hätte? Rollstuhlfahrer mit zwei gesunden kräftigen Armen etwa überwinden spielend einzelne Stufen, was aber, wenn, so wie in meinem Fall, schon das Besteigen eines Niederflurbusses von allein nicht zu schaffen war?

Erneut wollten Freunde mich im Rollstuhl entführen, diesmal zu einem kleinen Tanzfestival, das eine Freundin aus Mali veranstalten würde. „Jaja, natürlich!", lautete die Antwort der für die Location verantwortlichen Person auf meine übliche Frage. Ich hatte dazugelernt. Ich schickte einen Freund mit Maßband vor. Dann berichtete er: etliche Stufen zum Lift, Klotüren 60 cm breit. Die Veranstaltung war für mich undenkbar. Aber hatte ich alles gelernt?

Ich machte eine gewiss oberflächliche Internetrecherche. Entgegen meinen Erwartungen: Nein, es gab noch keinen Behindertenführer. Die Politik in diesem Land ist eine Politik der Wirte. Vielmehr dachte ich an einen bestimmten Zeitungsverlag. Für einen linksgerichteten Verlag, der neben einem Wochenblatt mit ausführlichem Programmteil regelmäßig Stadtführer jeder Art editiert, *[...] wie es isst ...* und so weiter, müsse einen Behindertenführer zu schreiben Prestigesache sein. Also schrieb ich der Person, deren Name für das Produkt steht, zwei Mails. Ich biete an, schrieb ich sinngemäß, unentgeltlich ein Frageblatt auszuarbeiten, dieses online an die Branchen zu verschicken, an Restaurants und Lokale, aber auch an Ämter und öffentliche Einrichtungen, und dann stichprobenartig Kontrollen durchzuführen. Die Mails blieben unbeantwortet. Jenseits! Anders wüsste ich das in diesem Fall nicht zu kommentieren. Heute meine ich: Hätte ich das Konzept etwa eines Bordellführers vorgestellt, ich wäre viel eher auf Interesse gestoßen.

Die Ideen für Behinderungen gehen der Gesellschaft nicht aus. Die Gesellschaft behindert auf immer neue Art. Die Behinderung ist vor allem psychischer Natur.

Eine Besucherin schenkte mir einzeln in Cellophan liebevoll verpackte und fest verschnürte kleine Schokoladetafeln. Sie dachte nicht daran, dass ich sie mit nur einer funktionsfähigen Hand schwer aufmachen konnte. Sie schenkte mir Schokoladen, aber sie verstärkte bei mir gleichzeitig das Gefühl der Hilflosigkeit. Eine unaufmerksame Aufmerksamkeit. Also eine Aufmerksamkeit. Ich mag Schokolade.

Gleichermaßen entbehrlich ist es, unaufgefordert helfen oder eingreifen zu wollen. Hier wird Hilfsbereitschaft mit Bevormundung verwechselt. Das ist übergriffig.

Auch jede aufmunternd gemeinte, aber unspezifische Zurede („Das wird schon wieder!“) ist in Wirklichkeit ein sprachloses Gestammel, das genauso entbehrlich ist und zudem langweilt.

Professionell handelt, wer nur nach Aufforderung reagiert. Alles andere ist wie einen Blinden über die Straße zu zerren: ‚Fügen Sie sich gefälligst, schließlich will ich helfen!' Ist wie sich auf Kosten eines Schwächeren, man achte auf Imperativformen, zu verwirklichen: ‚Warte, ich helfe dir!' ‚Ich will dir ja nur helfen!' ‚Lass dir doch helfen!' Ein Problem hat in Wirklichkeit der vermeintlich helfen Wollende. Natürlich ist das jetzt überklar gesagt, denn es ist unser aller natürlicher Instinkt zu helfen, wenn wir sehen, der andere plagt sich gerade. Das ist vielleicht menschlich so. Aber professionell ist es nicht. Professionell handeln zum Beispiel Therapeuten, sie geben mir alle Zeit, die ich brauche, und nehmen mir nichts ab. Im Gegenteil: „Mach! Du kannst das.“ Zu sehr helfen zu wollen und sich zu sehr helfen zu lassen, ist kontraproduktiv.

Professionalität wünsche ich mir in meinem privaten Umfeld. Die Aufforderung, mir „ab jetzt“ die Zeit zur Selbsthilfe zu geben, außer ich bitte ausdrücklich um etwas, ist für mich wie ein Initiationsritus geworden.

Mit behutsamer Hartnäckigkeit zur Selbsthilfe aufzufordern, ist die sinnvollere Hilfestellung.

Die richtige Aufmerksamkeit aufzubringen ist für die Gesellschaft wie in einer Dimension zu denken, für die es kein Sinnesorgan gibt.

Einmal äußerte ein Besucher zu meiner Situation im Rollstuhl, man müsse nicht alles selbst können, er nehme sich zum Beispiel für die Steuererklärung auch jemanden. Zu gezwungen war der Versuch, mir eine Perspektive zu geben.

Ein andermal spazierte eine andere Patientin ganz normal bei der Tür des Klinikspeisesaales herein, setzte sich zu mir an den Tisch, ich war im Rollstuhl, und jammerte mich an, dass sie nach ihrem Schlaganfall schlecht gehen könne. Wer jammern kann, hat bereits überschüssige Energien, dachte ich im Stillen und bestärkte sie darin, wie schlimm alles für sie sein müsse. Gewiss, ich gestehe jedem seine persönliche Geschichte zu. Probleme sind nicht vergleichbar. Es zeigt sich hier nur, wie unsensibel die Gesellschaft insgesamt ist. Dass die Menschen einfach nur zu dumm sind, das zu akzeptieren, habe ich mich immer geweigert.

Rolli sagen Therapeuten gern zum Rollstuhl. Sie handhaben das wie eine gängige Abkürzung. So wie Ex und Flex etwa die Abkürzungen sind für die bestimmte Extension oder Flexion, die sie gerade meinen. Doch warum nicht Exi und Flexi? Woher also kommt das I in Rolli? Das klingt wie Mausi oder Hasi. Der Rollstuhl war für mich nicht im Geringsten niedlich.

Später in den Tageskliniken suchte ich Small Talk mit anderen Patienten. Wie hilflos war ich angesichts der Aphasie mancher Patienten. Wie hilflos vielmehr muss der Betroffene selbst sein. Aphasie ist der medizinische Ausdruck für die durch eine Schädigung meist der linken Gehirnhälfte erworbene Sprachstörung. Im Kopf sind klare Konzepte, die der Betroffene nicht in Sprache umsetzen kann. Der Geist ist eingesperrt. Das ist, stelle ich mir vor, schlimmer.

Der Patient hat die Sprache verloren. Der Patient nimmt nur eine Körperhälfte wahr. Der Patient hat keine Erinnerung. Begegne ich Personen mit neuropsychologischen Schäden, werde ich innerlich immer ganz still.

Ich hatte großes Glück. Den Körper kann man mitschleppen.

Max Frisch schreibt einmal ein Theaterstück mit dem Titel: *Biografie. Ein Spiel.* Ich habe es als Student vor rund 20 Jahren gelesen und erinnere mich jetzt wieder daran. Ein Mann bekommt die Gelegenheit, in seiner Biografie zurückzugehen und diese neu zu gestalten, den seiner Meinung nach ungünstigen Lebensweg wie am Variantenbrett beim Schach neu zu zeichnen. Er versucht, die immer andere ‚Abzweigung' zu nehmen. Sofort werden ihm die Konsequenzen einer neuen Entscheidung aufgezeigt. Er schreckt jedes Mal zurück. Schließlich lebt er sein zweites Leben exakt wie sein erstes.

Jetzt kann man diskutieren über Möglichkeit und Zufall. Das Leben aber macht immer Sinn, bringt es auf den Punkt. Alles, was jetzt geschieht, wappnet uns für das, was kommt. Im Wirrwarr an scheinbaren Zufällen, in dieser vermeintlichen Summe beginne ich gerade jetzt einen Faden zu erkennen. Müsste ich mich für eine Farbe entscheiden, er wäre rot. Rot wie die Leidenschaft.

Unvergleichbares

Er übte mit einer Physiotherapeutin der Klinik das Stufen Steigen. Seine Frau erklärte nebenbei: „Mein Mann hat vor vier Wochen einen schweren Schlaganfall gehabt.“ In diesem Augenblick huschte ein Hauch von Aggression über meine Leber: ‚Und ich erst? Das! ist schwer. Weiß sie denn überhaupt, wovon sie spricht?!‘

Anderthalb Jahre später setzte ich mich hinters Steuer meines Autos und fuhr in diese Klinik auf ein ‚Hallo!‘ Die oben geschilderte Episode hatte ich schon längst vergessen. Als ich am Café der Klinik vorbeischritt, sah ich den Herrn von damals sitzen. Im Rollstuhl.

Betroffen und wie ertappt dachte ich bei mir: ‚Ich war zu hart!‘ Im nächsten Augenblick nahm ich wahr, dass er mit dem Rollstuhl eine Gehkrücke mitführte. Meine Stimmung schlug um: ‚Also kann er gehen! Selber schuld, dass nichts weitergeht, er könnte mehr tun.‘

Es gibt so viele und so komplexe Faktoren, die in der Ganzheit eine Rolle spielen. Die persönliche

Zielsetzung, die körperliche und mentale Kraft, die sozialen und familiären Beziehungen. Jeder einzelne Fall verläuft völlig unterschiedlich.

Hat der Herr nicht all das Seine gegeben? Wie misst man das, im Aufwand, im Ergebnis? Und selbst, wenn das nicht so wäre: Es ist seine Entscheidung. Darüber zu urteilen steht niemandem zu. Der Weg ist für ihn richtig so wie meiner für mich richtig ist.

Vergleichen ist Eifersucht!, so lautet ein Aphorismus der Freundin, die ursprünglich einmal meine Ergotherapeutin gewesen war. In meinem Fall: Ging es mir damals in Wirklichkeit nicht darum, Annerkennung und Beachtung zu bekommen?

Wo ich zu vergleichen aufhöre, beginne ich in mir zu ruhen.

Fortschritt

„Wie erlebst du die Fortschritte?“, fragt mich eine Freundin. Es ist nicht wie aufzuwachen. Nach Monaten des Trainings merke ich: Das geht etwas leichter! Aber es ist ein beharrlicher Kampf um das Äußerste, und das über Jahre. Es ist ein ständiges Sich-der-Situation-Stellen. Das ist aber auch schon alles, so einfach ist das. Ich bleibe im Rollstuhl sitzen oder ich stemme mich auf. Ich nehme Schuhe zum Kletten oder ich lerne den Einhandknoten. Ich nehme die Rolltreppe oder ich gehe zu Fuß. Die Entscheidung dazu treffe ich immer wieder neu. In jedem einzelnen Moment. Sie ist immer dieselbe: Die Herausforderung wählen, wie ich es von klein auf gelernt habe. Das ist das Zeremoniell. Der Alltag ist der beste Trainer. Es gibt natürlich auch Meilensteine: Ich kann die Augen bewegen, ich halte täglich eine halbe Stunde in Sitzposition festgegurtet durch, ich esse in einer Trainingseinheit einen halben Becher Dany Sahne, ich schaffe es selber aus dem Bett, ich sperre den Rollstuhl in den Keller, ich steige ins Auto und fahre davon, ich verreise allein mit dem Flugzeug. Und irgendwann ziehe ich Sportschuhe an und laufe in den Wald, auch das kommt noch. Die Zeitwahrnehmung übrigens ist für den Betroffenen selbst immer anders als für Außenstehende, seien das Freunde, Bekannte oder selbst Therapeuten. Zwischen den einzelnen Meilensteinen erstrecken sich abgrundtiefe Zeiträume, in denen er eingekerkert ist. Training? Therapie meinte ich, oder? Meter oder Sekunden sind doch nur relativ, den Trennstrich der Pathologie akzeptiere ich für mich nicht. Durch meine sportlichen Aktivitäten habe ich Disziplin und Konsequenz gelernt. Die kommen mir jetzt zugute. Der Zusammenhang zwischen Therapie und Training: Die Arbeit ist dieselbe.

Was eine Sache wert war, merken wir erst, sobald wir sie nicht mehr haben. Wenn wir sie uns zurückerobern, kennen wir ihren Preis.

Natürlich stecke ich in meiner Haut und koche nur mit Wasser. Ich unterscheide mich durch nichts von anderen. Es kämpft sich für niemanden von allein. Mein Weg fordert alle Energie und setzt dabei alle Emotionen frei. Ich bin so offen und dabei so schutzlos.

Es geschah, dass ich die Haustür hinter mir zuzog und ohne Hausschlüssel aus dem Haus ging. Es geschah, dass ich aus dem Zug auszusteigen vergaß und mich mitten in der Nacht auf irgendeinem Bahnsteig ohne Gegenzug befand. „Markus! Du brauchst Psychotherapie!“, sagte eine besorgte Freundin.

Alle Psychotherapie gipfelt im Satz: ‚Die Mutter ist schuld!‘ und wird somit zum Selbstzweck. So habe ich das erlebt. Jeder ist aber irgendwann für sein Leben selber verantwortlich. Würden Schmetterlinge unbeschwert in die Luft flattern, gälte die Aussage: ‚Meine Mutter, die Raupe!‘?

Meine Situation forderte mir zwischendurch mehr Kraft ab, als ich aufbringen konnte. Es gab Momente, da lebte ich von Atemzug zu Atemzug immerzu nur vor mir hersinnierend: ‚Der geht noch.‘ Und einmal hatte ich geseufzt: „Ist das jetzt mein Leben? Warum habe ich überleben müssen?“ Ein Psychotherapeut sagte einmal: „‚Warum?‘ kostet hundert Euro. Und die Frage, warum ‚Warum?‘ hundert Euro kostet, kostet auch hundert Euro.“ Das soll heißen: Nach einem Warum zu fragen ist immer zwecklos.

Mein Schlaganfall lässt sich nicht auf Risikofaktoren wie etwa Bluthochdruck zurückführen. Die

Ärzte haben keine Erklärung. Selbst wenn das so wäre: Was würde das ändern?

Wir brauchen immer Erklärungen und wollen verstehen, um zu akzeptieren. Wirkliches Akzeptieren aber ist Vertrauen. Dieses Vertrauen können wir in den Herausforderungen des Lebens beweisen. Denn nur sie sind uns Schule. So gelingen uns die ‚Wenden'. Eine Freundin schreibt im Skript für ihr neues Buch: *Sehr viel naheliegender erscheint mir die Frage: Warum nicht?*

Ich bin in beeindruckender Weise unterwegs. Mir eilte in die erste Rehabilitationsklinik der Ruf eines medizinischen Wunders voraus. Es gebe kaum einen Locked-in-Patienten, der sich so gut erhole wie ich, sagte einmal eine Neurologin zu mir. Mir lag es auf der Zunge zu sagen: ‚Es gibt vermutlich kaum einen Locked-in-Patienten, der so hart an sich arbeitet wie ich.' Der Preis für meinen Fortschritt misst sich in Schweiß. Nur in körperlichem Schweiß, wie beim Sportler? Nach außen hin stehe ich heute mit beiden Füßen am Boden, wörtlich wie im übertragenen Sinn, und werde von anderen als mental stark beschrieben. Aber innen drin in mir war unermessliches Leid, steter Kampf und zeitweise ausufernde Einsamkeit. Nicht ‚aber', sondern ‚und'! Ich war mental immer stark und ich war immer im Kampf, beides zugleich. Der Preis misst sich in seelischem Schweiß! Denn was so wertvoll sein will, kostet entsprechend. Mir fällt dazu eine Unterhaltung ein, in der ein Goldschmied mir erklärte: „Bis das Schmuckstück glänzt, sind die Finger schmutzig."

„Die Geduldigen schaffen es nicht", sagte einmal eine Therapeutin. In meinem Kontext ist das zutreffend. Eine gewisse Ungeduld ist Ansporn und Motivation. Die Zeit arbeitet für mich, vorausgesetzt, ich arbeite für mich. Für Geduld habe ich keine Zeit.

Das Gehirn ist plastisch, ist immer formbar, erklären mir alle Ärzte und Therapeuten. Solange ich trainiere, geht was weiter. Und solange was weitergeht, trainiere ich. Damit bin ich schon in der Spirale.

Krise heißt Wendepunkt. Nicht wörtlich, aber im Zusammenhang. Schwierige Momente gehören zum Leben dazu. Sie machen Sinn. Die schwierigen, nicht immer nur die guten. Ein Freund, der in jungen Jahren an Krebs erkrankt war, führte über seinen Kampf gegen die Krankheit einen Internetblog. Einmal schrieb er: *Das wird!!! Ich bin da zuversichtlich. Zwischendurch ... und zwischendurch halt nicht.* Ich glaubte, diese Modulation nachvollziehen zu können, wenngleich ich das Damoklesschwert nicht kannte. Er hat den Kampf verloren. Angesichts dieser Tatsache fühle ich mich beschämt und weiß, ich hatte es immer leicht. Es gibt ein Bild von Magritte, in dem er sich selbst portraitiert: ein Ei betrachtend und die Taube abmalend, die im Ei als Idee bereits vorhanden ist. So will ich mich sehen. In meinen Träumen fahre ich zum Beispiel Mountainbike oder gehe einen Berg hinauf. Ich stelle höchstens fest, dass von den Folgen des Insults nichts Erwähnenswertes geblieben ist. Nur ein Wunschtraum im freudschen Sinn? Ich weiß, es ist mehr: Ich visualisiere auch unbewusst. *Glaube an dich selbst und vergiss nicht, dass alles möglich ist!*, steht auf einer Karte, die mir die Freundin, die meine Therapeutin gewesen war, geschenkt hat. Ich hab sie zu Hause gut sichtbar aufgestellt.

Der Wirklichkeit spanne ich die Vision vor. *Der einzig wahre Realist ist der Visionär*, sagt Fellini.

Ich denke gerade an eine für mich zutreffende Zen-Weisheit: *Anders als die Wolken ist der*

Himmel immer da. Und Eric-Emmanuel Schmitt schreibt in einem seiner Bücher – ich übersetze den Gedanken frei: *Es gibt das physische Leid und das psychische Leid. Das physische Leid erfahren wir. Das psychische Leid wählen wir.*

Einmal nahm ich an einer einwöchigen Unterweisung einer hohen buddhistischen Reinkarnation teil. Natürlich hatte ich den Text, worüber die Unterweisung stattfinden sollte und den ich in einem italienischen Universitätsverlag gefunden hatte, vorher gelesen, ich wollte eben vorbereitet sein. Als ich dann Rinpoché, so der tibetische Ehrentitel, in seiner brillanten Art hörte, war mir sofort klar, dass jeder intellektuelle Ansatz völlig nutzlos ist. Trotzdem schrieb ich, naturgemäß sozusagen, einen ganzen Block mit. Nur die wichtigsten Gedankenimpulse, sagte ich mir. Ich habe später die Notizen am Computer übertragen und wiederholt gelesen. Ich kürzte und löschte unwiederbringlich, immer wieder, behielt nur die wichtigsten Gedanken. Das sagte ich mir jedes Mal so. Heute ist die ganze Erfahrung auf einen einzigen (bestimmt nur von mir so formulierten) Gedanken reduziert: *Nicht der Blick auf Äußeres, einen anderen Ort, ist es; ‚hier' in einem selbst ist alles.*

In der Anonymität der Straße registriert man mich mit der Indiskretion zweiter Blicke, was gewiss bedeutungslos ist. Aber in einer Gesellschaft zu sein, die mich ohne Handicap kennt, ist, grad wenn es um offizielle Anlässe geht, ein unfreiwilliges Starleben. Ich ernte stets Anerkennung und Bewunderung. Ich fühle mich dabei exponiert und bin angespannt. Denn: Diese Bewunderung habe ich nicht gewählt und die Anerkennung ernte ich unfreiwillig.

Unauffällig zu sein ist plötzlich ein annehmbares Ziel! Wo ich nicht so überall hinkomme im Laufe meines Lebens ...

Das Netz

Kein Stein blieb auf dem anderen. Das erfasste zuallererst mein soziales Umfeld. Es gibt Freunde für gute Zeiten. Sie ziehen mit diesen Zeiten weiter. Es gibt Freunde für schlechte Zeiten. Sie ziehen ebenfalls weiter. Wirkliche Freunde aber bleiben.

Die Freunde für die guten Zeiten waren mit meinem Leben dauerhaft überfordert. Sie mussten tatenlos zusehen und fühlten sich hilflos. Dieses unausgesprochene Empfinden in ihnen spürte ich genau. Sie hatten sich meinen Zustand emotional zu ihrem Problem gemacht, als hätte ich mich drum kümmern sollen.

Die Freunde für schlechte Zeiten wieder loszulassen stellte eine Herausforderung dar. Ich fragte mich: Haben sie mich nur besucht, um an mir, dem es wirklich schlecht ging, wahrzunehmen, wie gut es ihnen selbst ging?

Eine Besucherin hatte mir einmal wörtlich gesagt, ich ‚relativiere' ihr die Probleme, sie ginge von mir jedes Mal ausgeglichen wieder nach Hause.

Sie besuchte mich wöchentlich, trotz der 400 Kilometer Autofahrt, die sie zeitweise in Kauf nehmen musste. Allmählich begann es mir besser zu gehen und ich wurde aus dem geschützten Bereich der Kliniken entlassen. Zum Relativieren wollte ich also nicht mehr so ganz taugen. Gleichzeitig ging es mir, nach einer kurzen Euphorie, psychisch schlechter als zuvor. Da schrieb sie in einer Reply, sie habe keine Zeit. Zeit hat man nicht, Zeit nimmt man sich. War es ihr in erster Linie um meine Rolle gegangen und weniger um mich als Person? Heute weiß ich: Gerade dadurch, dass es mir schlecht ging, konnte ich ihr etwas geben. Dafür erhielt ich lieben Besuch.

Mich besuchte überraschend eine flüchtige Bekannte. Immer wieder. Weil ich augenscheinlich ‚bedient' war, war ich für sie zu einer Vertrauensperson geworden. So fühlte sie in sich das Bedürfnis, mir von ihrer eigenen Leidensgeschichte zu berichten. „Eigentlich sollte ich dich aufbauen, aber in Wirklichkeit lade ich bei dir ab", bemerkte sie einmal. Sie lud bei mir ab, schnürte kurz ihr lastendes Packet auf, mag sein, aber sie besuchte mich. Ich sagte zu ihr: „Was auch immer es ist, das du von mir mitnimmst, du kriegst es! Ich muss es nicht einmal wissen." Sie schenkte mir Einblicke in ihr Leben und so wurden wir einander vertraut. Es passiert immer, wenn wir am wenigsten damit rechnen: Wir verliebten uns. Und wir wurden ein Liebespaar. Die Wochenenden mit ihr und die Aufenthalte zu Hause waren wie eine gemeinsame Auszeit vom Alltag. Wenn wir uns umarmten, umarmten sich unsere Seelen. Irgendwann war ich von der letzten Klinik entlassen und zurück in der ‚Welt'. Und irgendwann hatte ich mich zum ersten Mal unbegleitet außer Haus gewagt. Ich setzte mich in die Pizzeria ums Eck, fotografierte dann mit meinem Handy die halbaufgegessene Pizza und schickte ihr eine MMS: „Schau her, wie stark ich bin!" Ihre Reaktion war wehmütig. Sie habe, sagte sie Tage später, in diesem Moment so sehr gespürt, dass ich weg sei. Ich verstand nicht. Wenig später ist sie aus der Beziehung gegangen. Einem Gespräch hat sie sich nicht gestellt. „Wozu", lautete eine SMS; das Fragezeichen hatte sie sich gespart. Wo wollte sie mich denn haben? Heute weiß ich: Es war ein gegenseitiges Nehmen und Geben auf beiden Seiten in einer ganz bestimmten wechselseitigen Konstellation.

Sie ist ein Engel, der mich kurz ein Stück meines Weges wunderbar begleitet hat und dann wieder davon geschwirrt ist. Engel fliegen eben schnell. Und sie hat meine Seele besänftigt wie ein Frühsommerregen.

Erst, wenn es einem wieder gut geht, erkennt man die wahren Freunde. Um sie aufzuzählen genügen die Finger einer halben Hand. Oder anders gesagt: Wenn einer so wehrlos ist, wie ich es war, erlebt er die Menschen, wie sie wirklich sind. Mit Echtheitsgarantie.

Freunde kommen, Freunde gehen. Jetzt spüre ich nur Authentisches, habe Zeit einzig für Ehrliches, Offenes. Ich lerne gerade sehen. Wer jetzt kommt, bleibt. Wirkliche Gefährten sind ein Netz, das unter meinen Füßen geknüpft wird. Es ist fest gespannt und fängt mich federnd auf.

Ich erlebte in diesen Tagen bemerkenswerte Solidarität.

Viele Schüler schrieben mir Mails, besuchten mich, bastelten mir Geschenke und etliche kamen mich auch in entfernte Kliniken besuchen.

An eine ganz bestimmte Mail erinnere ich mich genau. Ich kopiere Teile davon hier rein:

Ich denk gerade an Sie und dachte es wird mal wieder Zeit für eine Mail. Es ist unglaublich wie sehr Sie uns schon ans Herz gewachsen sind. Manchmal lieg ich nur im Bett und hoff dass es Ihnen gut geht und wir mit Ihnen nach der Matura feiern können [...].

Heute habe ich einen Nestling gefunden (Spatz). Und ich konnte das Nest leider nicht entdecken [...]. Er war schon so schwach ich konnte ihn nicht mal füttern. Jetzt habe ich wieder rausgeschaut wies im geht und er is nicht mehr da. Ich hoffe er hat das Fliegen für sich entdeckt und genießt die warme Luft. Hat mir ehrlich gesagt das Herz gebrochen dass mein Baby weg war. Ich habe ihn Markus genannt :) Vl bekommen sie ja auch schon bald die möglichkeit zu fliegen.

Jeder Kommentar wäre hier unangebracht.

Ich erinnere mich ebenfalls. Eine Freundin rief mich an und sagte, ich solle mir eine bestimmte Zeit an einem bestimmten Tag freihalten, es komme Überraschungsbesuch. Wer würde das sein, fragte ich mich, und erriet nicht, wen aus dem gemeinsamen Bekanntenkreis sie ankündigen könne.

Jemand rollte mich in den Klinikpark. Dort beobachtete mich ein professionelles Kamerateam genau. Ich wartete, es war unangenehm windig. Am Horizont erschien ein Sportflugzeug. Ich beachtete es nicht. Es kam näher; es schleppte einen Banner, ich las: „Loco, du schaffst es!" Loco war zum damaligen Zeitpunkt mein Spitzname, es ist spanisch und heißt ‚Verrückter', weil meine Aktionen als verrückt gelten. Also eine Botschaft für mich! Das Flugzeug flog über unseren Köpfen etliche Runden. „Du kennst den Piloten!", sagte meine Freundin. Fieberhaft dachte ich nach: Wer von den Leuten mit Privatflugschein, die ich kenne, würde für mich fliegen? „Du kennst ihn nicht persönlich, er ist prominent." Das Flugzeug entfernte sich, zum nächstgelegenen Flugplatz. Dann wartete ich wieder. „Steckt mir bitte den Namen!", flehte ich, denn ich fürchtete, ich würde den Promi, der gleich kommen würde, nicht kennen. „Du kennst ihn!" Dann betrat er mein Zimmer. Nicht eine Sekunde brauchte ich, um ihn mit dem Bild, das ich aus den Medien kannte, in Deckung zu bringen: Er organisiert karitativ den vermutlich schrillsten Ball der Welt.

Ich beantwortete ihm dann per Mail die Frage, die ich ihm vor laufender Kamera nicht beantworten wollte: Warum waren wir gerade auf ihn gekommen? Vier Prominente machten den Flugschein, das war Inhalt einer Fernsehserie. Die Banneraktion war als Abschluss geplant. Dass er bei mir vorbeigeflogen war, hatte meine Freundin inszeniert. Ich gebe auf die ganze Prominenz gewöhnlich nichts. Sein Engagement aber hatte ich jahrelang verfolgt, das wusste meine Freundin. Weil er sozial sei, antwortete ich ihm.

Ich erinnere mich, nicht zuletzt, an eine ehemalige Schülerin. Sie war wiederholt auf Besuch gekommen. Wir kramten gewöhnlich in gemeinsamen Erinnerungen und erzählten uns das Neue. Einmal brachte sie mir ein Buch mit. Als ich es aufschlug, sah ich, sie hatte geschrieben: *If you can dream it you can do it.* Ich hätte das irgendwann gesagt, meinte sie und schmunzelte, denn dieser Satz ist mein Motto. Auf diese Art und Weise baut man eine Eisenbahn rund um den Mond, versetzt Berge und versorgt Luftschlösser mit einer Zufahrtsstraße. Mir war das Motto nicht mehr gegenwärtig. Hatte sie es geahnt? Ich wurde nachdenklich. Mein Ziel ist jetzt anders, gewiss. Sind diese Worte nicht aktueller denn je? Bin ich nicht mitten im allergrößten Projekt, der Reise zurück ins Leben?

Auch allgemein erlebte ich viel Solidarität. Ein Nachbar zum Beispiel kam ins Krankenhaus und meinte, wenn es mich nicht störe, mache er meinen Garten mit. Als einer meiner Brüder ihn einmal in meinem Garten bei der Arbeit antraf, sagte er zu ihm, er sei jetzt eh da und mache das schon. Der Nachbar meinte daraufhin nur, er, mein Bruder, möge doch die Füße hochstellen und sich ausruhen, er, der Nachbar, habe nun schon einmal angefangen. Andere Leute in der Siedlung nahmen sich Zeit und sprachen mit mir immer ein paar liebe Sätze, wenn sie mich bei meinen ersten Ausflügen aus dem Haus sahen. Das war für mich wie Sonnenstrahlen zu spüren, die wir nicht einfordern können, die aber ganz unerwartet da sind und die wir dann gern annehmen, weil sie so wohltuend sind. Und Unbekannte, etwa im Geschäft, sagten schlicht und ohne Fragen zu stellen, die nur ihre eigene Neugier bedienen würden: „Alles Gute!" Das Wesentliche ist immer schlicht.

Ich erlebe heute viele reizende Geschichten.

In einer bestimmen Klinik arbeitet ein Arzt, den ich am menschlichsten von allen finde, die mir in meiner besonderen Karriere als Neurologiepatient begegnet sind. Ich besuchte ihn eigens. Er war von meinem Allgemeinzustand beeindruckt und sagte bei der Verabschiedung: „Danke, dass was weitergegangen ist!" Ich hätte ihn für diese Aussage befördert.

„Verkehrskontrolle!", sagte die Polizistin, die mich aufgehalten hatte. Wie immer in solchen Situationen stieg ich aus und kramte nach Führerschein und Zulassungsbescheinigung. Wir kamen dabei ins angeregte Plaudern. Während der Kollege weiter Fahrzeuge kontrollierte, entdeckten wir, dass wir gemeinsame Interessen haben und über ein Hobby gemeinsame Freunde und Bekannte. Ich war natürlich noch nie so herzlich von der Polizei aufgehalten worden. Das Gespräch wurde durch einen Funkspruch abrupt beendet, die beiden mussten mit Blaulicht einen Einsatz fahren. Es wäre ein Leichtes gewesen, die Polizistin auszuforschen. Aber ich kann nur genießen, was ich loslasse. Umso angenehmer war ich überrascht, als ich eine Mail von ihr in meiner Mailbox hatte. Ihr Gefühl sage ihr, dass es gut wäre, Kontakt mit mir aufzunehmen, schrieb sie. Sie hatte mich von sich aus über einen gemeinsamen Freund ausgeforscht. Und in der nächsten Mail schrieb sie: *schon bei der verkehrskontrolle wollte ich zu dir sagen, dass ich dich sehr bewundere, welche kraft und motivation du ausstrahlst. echt schön, das so zu erleben!* Verkehrskontrollen können durchaus Sinn machen!

Diese kleinen Momente speichere ich im Herzen ab so wie Sonnenblumen die Sonnenstrahlen. Sie wachsen und blühen, unwissentlich, absichtslos. Ich gewinne ein Freiheitsgefühl, das keine rauschenden Abenteuer mehr braucht. Tief und erfüllend. Das Leben ist so reich an Intensität, wenn ich nur zu sehen weiß.

Sind es nicht diese kleinen Momente in mir, die mich glücklich machen? Moment-Glück. Diesen Momenten mache ich nur Platz, wenn ich sie nicht erwarte. Ich lasse sie kommen, ich lasse sie gehen. Anspruchslos. Sie sind nicht erklärbar und nicht wiederholbar, sie sind Geschenke des Himmels. Glück ist nicht festhaltbar. So wie Sonnenstrahlen nicht festhaltbar sind. Nur die von Schilda wollten die Sonne in Säcke füllen und ins Haus tragen. Das große anhaltende Glück gibt es vermutlich nicht, wir konnten es bisher nicht finden. Ist denn ‚anhaltend' nicht widersprüchlich mit ‚Glück'? Es liegt an mir, die Momente des Glücks wahrzunehmen.

Wir sehen, was wir sehen wollen, und ziehen an, was wir ausstrahlen. Die Welt erschaffen wir in uns. Eine Trennung von Subjekt und Objekt ist nicht. Das! ist Freiheit.

Die Stimme

Die klinischen Logopäden waren, wie es eine von ihnen formulierte, ‚am Ende ihres Lateins'. Eine andere suchte in den Aufzeichnungen über mich, ob ich eine Recurrensparese hätte, eine Lähmung des Nervs, der die Kehlkopfmuskeln versorgt. Wieder eine andere empfahl mir, einen Laryngologen aufzusuchen, einen Kehlkopfspezialisten. Sie konnten sich nicht erklären, warum wir nicht weiterkamen, und suchten nach einer Erklärung, die außerhalb ihres Verantwortungsbereiches liegen würde.

Sie hatten alle ihre Arbeit gemacht, so gut sie konnten und so wie sie es wussten. Jeder Beruf hat aber seine Grenzen.

Ich war ohne Ton in der Stimme und zudem ausgeprägt artikulationsgestört. Die Leute mussten sich konzentrieren, um mich zu verstehen. Am Rücksitz eines Autos etwa oder wenn am Nebentisch ein anderes Gespräch geführt wurde, war ich stimmlich schon überfordert. Ich hatte eine Unterhaltung mit der Primaria der Klinik, in der ich mich gerade befand. „Die Erfahrung lehrt uns", sagte sie, „die Stimme [...]". Ich wiederhole hier ihre Prognose nicht. Jedenfalls war ich daraufhin perspektivlos.

Ich lernte am Tag danach einen Sänger der Wiener Staatsoper kennen.

Eine Woche später trafen wir uns wieder. Er sagte: „Deine Stimme hat nichts!" Ich starrte ihn völlig ‚sprachlos' an. Ohne dass ich es geahnt hätte, hatte er mich genau beobachtet. „Ich biete dir an", sagte er weiter, „Stimmbildung zu machen. Das ist mein Weihnachtsgeschenk an dich." Ich war zu Tränen gerührt. „Ich deute das als ein Ja!", explizierte er.

„Bist du wahnsinnig?!", hatten Sängerkollegen geäußert, wie ich später erfuhr. „Was, wenn das schiefgeht? Du machst ihn psychisch kaputt!"

Die Art, Herausforderungen anzunehmen, verbindet uns.

Wir üben Woche für Woche und Monat für Monat. Von der Gesangstechnik profitiert die Sprechstimme. Er ist alleinerziehender Vater von fünf Kindern und hinlänglich beschäftigt, aber unsere Termine finden mit unumstößlicher Regelmäßigkeit statt. Weihnachten hat sich seither bereits wiederholt. Absichtslos absichtlich und unbewusst bewusst, so erfolge der richtige Einsatz der Stimme. Singen ist Emotion. Ist ein Aus-der-Energie-Schöpfen. Wir bedanken uns nach jeder einzelnen Stunde immer beide.

Heute trägt meine Stimme. Ich übe mich darin, die Stimme in jeder Situation effektiv und mit qualitativem Anspruch abrufen zu können. Ich unterhalte mich auch bei Partys mit Leichtigkeit und genieße die neu gewonnene Spontaneität des Small Talks. „Die Stimme ist die alte!“, sagen Freunde und Bekannte. ‚Mindestens!‘, ergänze ich in Gedanken.

„Wenn du was brauchst, rühr dich!“ Wie oft hatte ich diesen Satz gehört. Er war immer gut gemeint, bestimmt, doch unverbindlich, etwa: „Alles, was passieren kann, ist, dass ich nein sage.“

Dauerhafte Verantwortung übernommen hat der Sänger wie niemand sonst.

Er hat meine Stimme gefunden und sie mir zurückgebracht.

Nicht suchen, finden …

Rund um die Welt der Sonne entgegengefahren. Um 24:00 Uhr auf einem Berg im Sonnenschein gestanden. An einem Sonntagmorgen aufgebrochen und am Samstagabend des vorigen Tages angekommen. So klangen persönliche Rekorde.

Ich sei ständig auf der Überholspur gewesen, hätte immer den Eindruck gehabt, zu langsam zu sein, sagte man mir. Richtig. Meine Wahrnehmung war entsprechend: Das Glas war unaufhörlich halb leer. Mit dem Ereignis, das ich gerade durchlebte, drängte sich mir eine in der Kindheit gehörte ladinische Geschichte auf. Was ist Ewigkeit? Alle 100 Jahre kommt ein Vogel und wetzt sich den Schnabel am Sas dla Crusc, einem Dolomitengipfel. Wenn der Berg abgeschliffen ist, beginnt die Ewigkeit. Ich glaubte, die Ewigkeit von meinem Standort aus sehen zu können.

Die Langsamkeit war für mich bislang literarisches Motiv gewesen, mehr aber nicht. *Das, womit wir uns in unserem Leben nicht beschäftigen, begegnet uns als Schicksal*, sagt C. G. Jung. Jetzt ist die Langsamkeit zu meinem Lebensmotiv geworden. *Geh nur so schnell, wie die Seele folgen kann!* So lautet in meiner Erinnerung ein mongolisches Sprichwort. Ich kann das Leben nicht beschleunigen, sondern nur vertiefen.

Shiva, der Zerstörer, wie er genannt wird, war in mein Leben getreten. Den Hinduismus insgesamt lehne ich wegen des Kastenwesens ab. Aber ein Gedanke berührt mich: Shiva zerstört, damit Neues entstehen kann. Wörtlich übersetzt bedeutet sein Name: ‚Glückverheißender'.

Ram Dass, ein prominenter amerikanischer Hindu, schreibt in seinem Buch *Be Here Now* (ich übersetze): *Jetzt, wie ich zurückblicke, begreife ich, dass viele der Erfahrungen, die, als sie sich zutrugen, wenig Sinn für mich ergaben, Voraussetzungen für das waren, was sich später ereignen sollte.* Ram Dass erleidet rund 30 Jahre nach diesen Worten einen Schlaganfall. Wie bedeutend erscheint heute seine Aussage! Eine Dokumentation über sein Leben früher und danach trägt den Titel: *Fierce Grace*, heftige Gnade.

Wann sehe ich einen Sinn in diesem Ereignis, fragte ich mich zuerst. Zuerst suchte ich. Dann las ich in einem lyrischen Text Picassos: *Ich suche nicht – ich finde. / Suchen, / das ist das Ausgehen / von alten Beständen / und ein finden Wollen / von bereits Bekanntem im Neuen. / Finden, / das ist das völlig Neue / auch in der Bewegung.* Texte sind doch Spiegel, wir erblicken uns darin immer in unserer eigenen Geschichte. Wer finden will, muss frei sein. Das Suchen verhindert das Zulassen.

Scheinbar Wesentliches wird unwesentlich und scheinbar Unwesentliches wird wesentlich. Ich bin ‚ver-rückt', ich lege Wert drauf. Ich streife bisher Beanspruchtes ab wie eine Schlange ihre zu enge Haut: Ich häute mich und bin so sorglos wie nie zuvor. Ich vertraue dem Fluss des Lebens. Alles, was ich brauche, erhalte ich zur rechten Zeit. Mein Alltag ist mühsamer als vorher, bestimmt. Mein Leben aber ist einfacher. Ich bündle meine Energie im Wesentlichen. Das ist in Wirklichkeit nur eine Entscheidung. Und wer einmal zwischen Leben und Tod gewählt hat, dem fallen alle anderen Entscheidungen leicht.

Inzwischen hatten die Schüler ihre Matura, korrekt: ihre Reifeprüfung abgelegt. Der Schuldirektor hatte bei der offiziellen Feier meinen Brief an sie vorgelesen:

Liebe Raphy, liebe Julia, liebe Inka, liebe Kerstin, liebe Kerschi, liebe Meli, liebe Stephi, liebe Nici, liebe Nina, liebe Bea, liebe Nati, liebe Marlene, liebe Denise, lieber Georg, liebe Bettina, liebe Bibi, liebe Carmen, liebe Janine, lieber Marco, liebe Petra, liebe Vodo, liebe Kathi, liebe Dubsi!

Ihr habt soeben einen wichtigen Abschnitt eures Lebens geschafft. Genießt es! Ihr werdet viel Größeres und Bedeutenderes schaffen. Was das auch immer sein wird: Möglicherweise bleibt der Schulabschluss lange der bedeutendere Abschnitt in eurem Leben.

Heute denke ich an euch. Wenn ich zurückschaue, denke ich zuerst an eine ganz reizende Gruppe, die mir in besonderen Momenten verbunden war, auch und gerade dann, als klar war, dass ich zu euch an die Schule nicht mehr zurückkommen kann. Ich nehme das ganz ‚persönlich' und vergesse euch das nie. Dankeschön!

Dass wir ursprünglich einmal Schulalltag miteinander geteilt haben, ist für mich längst nebensächlich geworden. Ich bin dankbar, dass ich euch als Menschen kennen gelernt habe, dass es mit euch so und nicht anders war und sein darf.

Noch lieber schaue ich mit euch in die Zukunft. Ich bin schon neugierig auf eure Zukunftsprojekte. Einzelne kenne ich. Bitte erzählt mir mehr darüber. Ich sitze gespannt in der ersten Reihe.

Ihr könnt im Leben nichts verlieren. Das ist so einfach. Ihr könnt nur indirekt verlieren, indem ihr Gelegenheiten nicht wahrnehmen und Chancen nicht nutzen würdet. Ihr könnt also nur gewinnen. Aber ihr müsst setzen! Anders gesagt: Wer riskiert, kann verlieren. Wer nicht riskiert, hat schon verloren.

Es passt nicht zum heutigen feierlichen Anlass. Aber vielleicht erinnert ihr euch in schwierigen Momenten an das, was ich euch erzähle, denn schwierige Momente gibt es früher oder später im Leben eines jeden: Ich habe die Erfahrung machen dürfen, dass das ‚Universum', oder wie immer ihr es nennen mögt, uns in jeder Situation, wie aussichtslos sie auch erscheinen mag, die Energie schickt, die wir gerade brauchen, um weiterzugehen. Es gibt immer einen Weg, den wir gehen können, und einen Kompass dazu, der uns die Richtung anzeigt. Ich weiß das! Wir können alles erreichen, wenn wir nur bereit sind, alles zu geben. Auf!geben tun wir auf der Post.

Das Leben immer anzunehmen, das ist alles. Dann schöpft ihr aus allen Situationen Kraft. Prüfungen, die uns das Leben aufgibt, sind Geschenke des Himmels, weil wir daran reifen dürfen.

„Audaces fortuna iuvat." Dieser Satz wird Virgil zugeschrieben und heißt übersetzt: „Den Mutigen hilft das Glück." Das war vor Jahren das Motto der Maturaklasse, in der ich als Schüler selber saß. Mich hat der Satz seither immer begleitet (auch wenn sonst vom Latein wenig geblieben ist, keine Sorge!). Heute gebe ich ihn an euch weiter. Den Mutigen hilft das Glück. Mögen euch im Leben die Träume und Visionen nie ausgehen. Seid offen. Lasst euch selbst zu. Träumt immer groß! Habt immer weit reichende Visionen! Seid mutig!

In Hermann Hesses ‚Siddhartha', unserem letzten gemeinsamen Unterrichtsstoff, steht der Satz: „Jeder kann zaubern, jeder kann seine Ziele erreichen [...]".

Ich wünsche euch beim Zaubern von Herzen alles Gute.

Euer Markus Taibon

Diese Gedanken hatte ich in meinem Herzen nur entdeckt. Das Leben selbst hat sie geschrieben.

Der Brief hatte die Schüler im Herzen berührt. Ihre unausdrücklich schönen Rückmeldungen berührten wiederum mich. Ich hatte mich geöffnet, ohne vorher zu wissen, ob ich sie damit erreichen würde.

Berührt zu werden und zu berühren, bewegt zu werden und zu bewegen. Jeder in seiner Art und in seiner Geschichte ... Was sollte wichtiger sein in unserem Dasein?

An dieser Stelle berichte ich von meiner Erfahrung mit dem Buch *Schmetterling und Taucherglocke* von Jean-Dominique Bauby. Er hat es mit dem Lidschlag geschrieben. Dieses Buch zu lesen hat mich tief berührt. Der Text steht für sich, ich stelle es nicht in die Reihe zu dem, was ich sonst so seit dem Locked-in-Syndrom gelesen habe. Baubys Buch teilt so Wertvolles. So Wesentliches. Ich behaupte das jetzt einfach: Nur ich vermag die mentale Leistung Baubys wirklich zu ermessen. Zum Glück nicht der Leser, ergänze ich jetzt ganz schnell. Denn gewisse Erfahrungen muss man nicht unbedingt selber machen. Ich habe sein Buch erst nach meinem eigenen Text gelesen. Ich hätte sonst keine Zeile geschrieben. In Baubys Schilderung der Existenz mit dem Locked-in-Syndrom war mir meine eigene Erfahrung mit allen Eindrücken und Emotionen so lebhaft wieder präsent!

Eine Klarstellung

Zwei ‚Probeleser' vermissen unabhängig voneinander und im Wortlaut beinahe übereinstimmend eine gewisse viel deutlichere Klarstellung. Ich sei „zu streng". Hiermit stelle ich mich.

Das Wesentliche an der Haltung meiner Freunde in dieser Situation war ihre Zuwendung. Ich hatte immer am meisten Besuch. Das war richtig schön. Ich hatte ein einzigartiges und wunderbares Ensemble um mich. Oft bis 22:00 Uhr, weit jenseits der offiziellen Besuchszeiten und unter den wohlwollenden Blicken des diensthabenden Pflegepersonals, waren Leute bei mir. Als einmal eine Schülergruppe um mein Bett stand, vorwiegend Schülerinnen, scherzte ein Arzt im Vorübergehen: „Den vielen Frauenbesuch werden wir verbieten müssen!" Der Besucherstrom zu mir war allgemein aufgefallen.

Gleichzeitig ist mir heute klar: Ich war für all meine Besucher eine große Herausforderung, und ich war, gerade als es mir ‚halbgut' ging, - was hatten sie sich erwartet? - fordernd. Mit mir über!fordert zu sein stand ihnen zu. Ihre Auseinandersetzung mit mir war mutig. Sie haben ihr Bestes gegeben! Dass sie das Beste für mich nicht immer bieten konnten, ist mein Thema.

Mein Buch ist Impuls.

Ich möchte in keinem Leser das Gefühl hinterlassen, den Anforderungen eines Menschen in meiner damaligen Situation niemals gerecht werden zu können.

Das Wesentliche und Wohltuende ist ausschließlich die menschliche Zuwendung; das Allerfalscheste: ‚Falsches' vermeiden zu wollen.

Zwischenbilanz

Das Ereignis ist das Beste, das mir passiert ist. Diese Aussage kommt noch nicht aus voller Überzeugung. Aber sie wirkt schon in mir. Ich habe ein Bild: Sie ist wie eine Frucht, die noch unreif ist. Grün, hart, sauer. Nur nicht anreißen, nur nicht darunter warten wollen. Das wäre wie an den Uhrzeigern einer Uhr zu zerren. „Vergiss die Zeit!“, sage ich mir. Ich denke gerade an die vielen Sonnenblumen, die ich im Garten gepflanzt habe.

Es ist mehr als überleben. Ich lebe auf der hellen Seite ...

Danksagung

Ich danke zuallererst meinen Schülern. Ihr habt mir das Leben gerettet. Danke! Ich weiß, ihr schaut mir zu, wie ich mit meiner Situation umgehe. Das ist wie eine Verpflichtung. Danke auch dafür!

Ich danke allen, die mir in dieser besonderen Zeit begegnen wollten. Ich hatte im Krankenhaus immer am meisten Besuch. Ich habe viel lernen dürfen. Über mich. Danke, dass ihr mich so akzeptiert, wie ich bin.

I ringraziëi mia familia. I sëis tlò, mo daidëis düć de vigne vers y i le fajëis entrês zonza condiziuns. I se fistidiëis de döt. Le plü bel y gran iolan!

Ich danke meiner Freundin Susi. Niemand hat so viel für mich getan wie du. Unsäglichen Dank, Susi!

Ich danke meinem Freund Günther. Du hast mir meine Stimme wieder zurückgegeben. Danke, Günther! Nichts, was du tust, ist beiläufig.

Ich danke meiner Kollegin Barbara. Du hast mich ein Stück meines Weges so wunderbar begleitet. Du bist ein Engel, ich weiß das. Danke, Barbara!

Ich danke meiner Freundin Annette. Du warst für mich da, auch als es mir seelisch am allerschlechtesten ging. Danke, Annette! Wir sind seelenverwandt.

Ich danke meiner Freundin Evi für die feinsinnige Durchsicht des Skripts. Danke, Evi!

Ich danke meinem Freund Heinz. Deine Tritte in den Hintern kommen immer zur rechten Zeit. Danke, Heinz! Übrigens: So gründlich wie du hat mich niemand je rasiert.

Dono les gràcies al meu amic Manel. Tu ets sempre la font de la meva força i inspiració. Mercès Manel. Quan soc amb tu, la meva ànima la puc deixar anar.

Ich danke meinem Chef. Du hältst mir einen Job frei. Danke, Thomas! Danke nicht zuletzt für die persönlichen Gespräche.

Ein ganz besonderer Dank gilt dir, Pezi. Ich hätte dieses Buch ohne den intensiven Gedankenaustausch mit dir nicht geschrieben …

Ich danke meinem Nachbarn Gerald für das Pflegen meines Gartens. Danke, Gerald! Du bist ein Heinzelmännchen!

Ich danke meiner Freundin und Kollegin Lisi. Du hast in der Akutphase alles stehen und liegen lassen, um bei mir zu sein. Danke, Lisi! Wir haben beide schon einige Höhen und Tiefen des anderen miterlebt. Unsere Freundschaft ist fürs Leben.

Ich danke meiner einstigen Ehefrau Tamara. Danke, Tamara! Du hast mich zu mehreren Stellen des Buches inspiriert, ohne dass es dir bewusst war. Deine i-Punkte fliegen immer weit voraus ... wie die Drachen deiner Ideen. Was nach so denkwürdiger Wende wie der letzten bleibt, ist die gemeinsame Geschichte und, unverändert, die gegenseitige Sympathie.

Ich danke allen genannten und nicht genannten Freunden, früheren Freunden, Kollegen, Bekannten, Schülern und ehemaligen Schülern, Pflegepersonen, Therapeuten, Logopäden, Ärzten, Sportwissenschaftern und meinem Mentaltrainer. Danke! Danke für all die unermesslichen Unterstützungen. Danke für euer Sosein.

Ich lebe gerne.

Es geht mir richtig gut.

... jetzt ... und jetzt ... und jetzt ...